Copyright © 2025
Yatir Nitzany
All rights reserved.
ISBN-13: 978-1951244286
Printed in the United States of America

Foreword

About Myself

For many years I struggled to learn Spanish, and I still knew no more than about twenty words. Consequently, I was extremely frustrated. One day I stumbled upon this method as I was playing around with word combinations. Suddenly, I came to the realization that every language has a certain core group of words that are most commonly used and, simply by learning them, one could gain the ability to engage in quick and easy conversational Spanish.

I discovered which words those were, and I narrowed them down to three hundred and fifty that, once memorized, one could connect and create one's own sentences. The variations were and are *infinite*! By using this incredibly simple technique, I could converse at a proficient level and speak Spanish. Within a week, I astonished my Spanish-speaking friends with my newfound ability. The next semester I registered at my university for a Spanish language course, and I applied the same principles I had learned in that class (grammar, additional vocabulary, future and past tense, etc.) to those three hundred and fifty words I already had memorized, and immediately I felt as if I had grown wings and learned how to fly.

At the end of the semester, we took a class trip to San José, Costa Rica. I was like a fish in water, while the rest of my classmates were floundering and still struggling to converse. Throughout the following months, I again applied the same principle to other languages—French, Portuguese, Italian, and Arabic, all of which I now speak proficiently, thanks to this very simple technique.

This method is by far the fastest way to master quick and easy conversational language skills. There is no other technique that compares to my concept. It is effective, it worked for me, and it will work for you. Be consistent with my program, and you too will succeed the way I and many, many others have.

CONVERSATIONAL HAITIAN CREOLE QUICK AND EASY SERIES

The Most Innovative Technique To Learn the Creole Language

PART - 1, PART – 2, PART - 3

YATIR NITZANY

CONTENTS

The Hatiain Creole Language 6
Creole Pronunciation Guide 7

Haitian Creole – I 9
Introduction to the Program 10
The Program 12
Building Bridges 34

Haitian Creole – II 41
Introduction to the Program 42
Travel 44
Transportation 47
City 49
Entertainment 52
Foods 55
Vegetables 58
Fruits 60
Shopping 62
Family 65
Human Body 67
Health and Medical 69
Emergencies and Natural Disasters 72
Home 75

Haitian Creole – III 80
Introduction to the Program 81
Office 83
School 86
Profession 89
Business 91
Sports 94
Outdoor Activities 96
Electrical Devices 98
Tools 100
Auto 101
Nature 103
Animals 106
Religion, Holidays, and Traditions 110
Wedding and Relationship 113
Politics 115
Military 119

Congratulations, Now You Are On Your Own 123
Note from the Author 125
Also by Yatir Nitzany 126

The Haitian Creole Language

Haitian Creole or Kreyòl is a French-based Creole language spoken by the 11 million people in Haiti and is also spoken in the Bahamas, Canada, Cayman Islands, Dominican Republic, France, French Guiana, Guadeloupe, Puerto Rico, and the U.S. worldwide. It is a creole language based largely on eighteenth century French with influences from Portuguese, Spanish, English, Taíno, and West African languages.

Haitian Creole is based on French and on the African languages spoken by slaves from West Africa to work on the plantations. It's not a French dialect and nor is it mutually understandable with French, but instead is a language that emerged from the contact between French settlers and African slaves during the Atlantic slave trade in the French colony of Saint-Domingue, which is now Haiti.

Haitian Creole is a language in its own right with its own pronunciation, grammar, and vocabulary.

Haitians are the largest creole-speaking community in the world. However, there is also Haitian French that is separate from Haitian Creole. It is merely a variety of French as spoken in Haiti.

Until the late 20th century, the formal language of Haiti was French, but in 1961 Haitian Creole was also recognized. Until the 2000s, all instruction at Haitian elementary schools was in French, which was a foreign language to most of the students. Creole has been maligned by francophone elites as a miseducated or poor person's French.

There are three main geographical dialects for Creole and it is not uncommon for Haitians to speak more than one of them:

The northern dialect is spoken in Cap-Haitien, which is the second largest Haitian city; the central dialect is spoken in the metropolitan area of Port-au-Prince, which is the capital of Haiti; and the southern dialect is spoken in the area of Cayes, which is an important city in the south of Haiti.

Haitian is a phonetic language so best practice is to pronounce each sound firmly and ensure that you remember all letters have one sound. The way you see the word written is how it is pronounced. Creole has no silent letters.

Haitian Creole Pronunciation Guide

Vowels

Letter Pronunciation English hint

a	ah	father
e	eh	bet
è	eh (open)	bed
i	ee	see
o	oh	go
ò	aw	law
ou	oo	food

Nasal vowels (very important)

Letters Pronunciation English hint

an	ahn	French *an*
en	ehn	nasal "en"
on	own	nasal "on"

The **n is not fully pronounced** — it nasalizes the vowel.

Consonants

Letter Pronunciation English hint

b	b	boy
ch	sh	shoe
d	d	dog
f	f	fish
g	g (hard)	go
h	h	hat
j	zh	measure
k	k	kite
l	l	lamp
m	m	man
n	n	no
p	p	pen
r	rolled/light r	Spanish r

Letter Pronunciation English hint

Letter	Pronunciation	English hint
s	s	sun
t	t	top
v	v	van
w	w	water
y	y	yes
z	z	zoo

Letters NOT used in native words
These appear **only in loanwords**:
- c
- q
- x

Key pronunciation rules (simple & powerful)
Words are pronounced **exactly as written**
No silent letters
Stress is usually on the **last syllable**
Apostrophe **l, m, n, w** are written separately when pronouns
ranplase l (replace **him/her**)

Quick examples
Pale - pah-leh (*to speak*)
Vit - veet (*fast*)
Fènwa - fehn-wah (*darkness*)
Granmè - grahn-meh (*grandmother*)

Conversational Haitian Creole Quick and Easy

The Most Innovative Technique to Learn the Haitian Creole Language

Part I

YATIR NITZANY

Introduction to the Program

People often dream about learning a foreign language, but usually they never do it. Some feel that they just won't be able to do it while others believe that they don't have the time. Whatever your reason is, it's time to set that aside. With my new method, you will have enough time, and you will not fail. You will actually learn how to speak the fundamentals of the language—fluently in as little as a few days. Of course, you won't speak perfect Haitian Creole at first, but you will certainly gain significant proficiency. For example, if you travel to Haiti, you will almost effortlessly be able engage in basic conversational communication with the locals in the present tense and you will no longer be intimidated by culture shock. It's time to relax. Learning a language is a valuable skill that connects people of multiple cultures around the world—and you now have the tools to join them.

How does my method work? I have taken twenty-seven of the most commonly used languages in the world and distilled from them the three hundred and fifty most frequently used words in any language. This process took three years of observation and research, and during that time, I determined which words I felt were most important for this method of basic conversational communication. In that time, I chose these words in such a way that they were structurally interrelated and that, when combined, form sentences. Thus, once you succeed in memorizing these words, you will be able to combine these words and form your own sentences. The words are spread over twenty pages. In fact, there are just nine basic words that will effectively build bridges, enabling you to speak in an understandable manner (please see Building Bridges, page 34). The words will also combine easily in sentences, for example, enabling you to ask simple questions, make basic statements, and obtain a rudimentary understanding of others' communications. Please see Reading and Pronunciation (Page 7) in order to gain proficiency in the reading and pronunciation of the Haitian Creole language prior to starting this program.

My book is mainly intended for basic present tense vocal communication, meaning anyone can easily use it to "get by" linguistically while visiting a foreign country without learning the entire language. With practice, you will be 100 percent understandable to native speakers, which is your aim. One disclaimer: this is *not* a grammar book, though it does address minute and essential grammar rules, so keep your eyes peeled for grammar footnotes at the bottom of every page. Therefore, understanding complex sentences with obscure words in Creole is beyond the scope of this book.

People who have tried this method have been successful, and by the time you finish this book, you will understand and be understood in basic conversational Creole. This is the best basis to learn not only the Creole language but any language. This is an entirely revolutionary, no-fail concept, and your ability to combine the pieces of the "language puzzle" together will come with *great* ease, especially if you use this program prior to beginning a Creole class.

This is the best program that was ever designed to teach the reader how to become conversational. Other conversational programs will only teach you phrases. But this is the *only* program that will teach you how to create your *own* sentences for the purpose of becoming conversational.

The Program

I | I am - Mwen | Mwen se
With you – Avèk ou / Avèk nou
With him / with her – Avèk li
With us - Avèk nou
For you - Pou ou / Pou nou
Without him - San li
Without them - San yo
Always – Toujou/Toutan
Was - Te
This – Sa, Li
This is – Sa se
Is - Se
Sometimes – Kèk fwa/Pafwa
Maybe - Petèt
Are you - Èske ou?/ Èske nou?
You – Ou, ou-menm / **You** (plural) - Nou
Better - Miyò/Pi bon
From – Apati/Soti/Depi/Nan

I am from Haiti
Mwen soti Ayiti
Are you from Port au Prince?
Èske ou soti Pòtoprens?
Èske nou soti Pòtoprens?
I am with you
Mwen avèk ou
Are you alone today?
Ou poukont ou jodi a?
This is for you
Sa a se pou ou
You and I
Ou menm ak mwen

Ou – formal "you" (Written and spoken), "You" (plural) formal and informal is *nou*, while *ou menm* is the informal "you" (spoken only).

*In Creole *sa se* / "this is." *Sa* is the pronoun "this" and *se* is the verb "be."

I was – Mwen te
To be – Se
Same - Menm
Good - Bon
Here – Isit la
It's / it is - Se li/ se
And – Ak/oswa/avèk/oubyen
Between - Ant
Now – Kounye a
Later / After – Pita / Apre
If - Si
Yes - Wi
Then - Alò
Tomorrow - Demen
Also / too / as well – Epitou/Tou

I was home at 5pm
Mwen te lakay mwen a 5 kè PM.
Between now and tomorrow.
Ant kounye a ak demen.
It's better to be home later.
Li pi bon pou w lakay ou pita.
If this is good, then I am happy.
Si sa a bon, donk mwen kontan.
Yes, you are very good
Wi, ou bon anpil
I was here with them
Mwen te isit la avèk yo.
The same day
Menm jou a

Pa avèk literally means "not with" and can be used to signify "without."

Èske ou pa avèk yo jodi a? In Creole "a" is a definite article that is placed after a word that terminates in a nasal vowel.

*The pronouns in Creole are:
- "I" - *Mwen*,
- "You" – *Ou/Ou menm*,
- "He," "She," "It" / *Li*,
- "We" - *Nou*,
- "You" (plural) - *Nou*,
"They" - *Yo*.

The - La
Me – Mwen
I go – Mwen ale
Even if - Menm si
Afterwards – Ansuit/Annapre
Worse – Pi mal
Where – Ki kote
Everything - Tout bagay
Somewhere – Kèk kote/Yon kote
What - Kisa
Almost - Prèske
There - La / laba
His / hers – Pa li
He / she - Li
He is / she is – Li se

Are you at the house?
Ou nan kay la?
I am always with her
Mwen toujou avèk li
Sometimes I go without him.
Pafwa mwen ale san li.
Even if I go now
Menm si mwen ale kounye a
Where is everything?
Kote bagay yo?
Maybe somewhere
Petèt kèk kote/ Petèt yon kote
What? I am almost there
Kisa? Mwen prèske la
Where are you?
Kote ou ye?
This is for us.
Sa a se pou nou.

*In French we use *le sien, son, ses* for "his" or *la sienna, ses* for "hers" but in Creole we use only *pa li*. There are two ways, therefore, to use the possessive pronoun like "mine," "hers," "his" / *pa mwen, pa li*. It's the same for the demonstrative pronoun "this"; the only two ways to translate it are *sa, li*. We translate "he," "She" as *Li* because there is no pronoun to mark the difference between the masculine and feminine in Creole.

House - Kay
In – Nan/Anndan
Car - Machin
Already - Deja
Good morning - Bonjou
How are you? – Kijan ou ye? / Kijan nou ye?
Where are you from? – Ki kote ou soti? / Ki kote nou soti?
Hello - Bonjou
What is your name? – Kijan ou rele? Kijan nou rele?
How old are you? – Ki laj ou genyen? Ki laj nou genyen?
Son – Pitit gason
Daughter – Pitit fi
At - Nan
Very - Trè
Hard - Di
Still – Ankò
Have - Gen

She is not in the car, so maybe she is still at the house?
Li pa nan machin nan, kidonk petèt li toujou nan kay la?
I am in the car already with your son and daughter
Mwen deja nan machin avèk pitit gason e pitit fi ou
Good morning, how are you today?
Bonjou, kijan ou ye jodi a?
Bonjou, kijan nou ye jodi a?
Hello, what is your name?
Bonjou, kijan ou rele?
Bonjou, kijan nou rele?
How old are you?
Ki laj ou genyen?
Ki laj nou genyen?
This is very hard, but it's not impossible
Li difisil anpil men sa pa enposib
Where are you from?
Ki kote ou soti? / Ki kote nou soti?

*In Haitian Creole the structure of the sentence will let you know how to translate it; whether to use *pa mwen* or *pa mwen yo*. But in some cases, *pa mwen* and *pou mwen* provide the same meaning. "Not"/ Pa, "Mine" / *Pa mwen* or *pa mwen yo*, "For me" / *Pou* mwen.

Thank you - Mèsi
For - Pou
Anything - Anyen/ Nenpòt bagay
This is – Sa a, Se
Time - Tan
But - Men
No / not – Non / pa
I am not - Mwen pa
Away - Lwen
That - Sa
Similar – Menm bagay
Other / Another – Lòt/ Yon lòt
Side – Kote/ Bò
Until – Jiska/Rive
Yesterday - Yè
Without us - Sans nou
Since - Depi
Day - Jou
Before – Anvan
Late – Swa / ta
I go / I am going - Mwen ale/ Mwen ap ale

Thank you, Antoine.
Mèsi, Antoine.
It's almost time
Li prèske lè
I am not here, I am far away
Mwen pa la, mwen byen lwen
That house is similar to ours.
Kay sa sanble ak pa nou an.
I am from the other side
Mwen soti lòt bò a
But I was here until late yesterday
Men mwen te isit la jiska yè swa
Since the other day
Depi lòt jou

*This isn't a phrase book! The purpose of this book is solely to provide you with the tools to create your own sentences!

I say / I am saying - Mwen di/ Mwen ap di
What time is it? – Kilè li ye?
I want – Mwen vle
Without you – San ou/ San nou
Everywhere /wherever - Tout kote/toupatou
With - Avèk
My – Pa mwen (Seng) Pa mwen yo (Pliryèl)
Cousin – kouzen/kouzin
I need – Mwen bezwen
I Must - Mwen dwe
Right now – Kounye a
Night – Lannuit
To see - Wè
Light - Limyè
Outside - Deyò
That is – Sa se
Any (Sing) – Kèk/Nenpòt
I see / I am seeing – Mwen wè

I am saying no / I say no
Mwen ap di non / Mwen di non
I want to see this during the day
Mwen vle wè sa pandan jounen an
I see this everywhere
Mwen wè sa tout kote
I am happy without any of my cousins here
Mwen kontan paske okenn nan kouzen mwen yo pa la.
You need to be at home.
Ou bezwen rantre lakay ou.
Where is the book?
Kote liv la?
I see light outside
Mwen wè limyè deyò a
What time is it right now?
Kilè li ye kounye a?

*In Creole the possessive adjective is not used in the same way as in French. For "my" use *pa mwen, pa mwen yo*.

*In English "cousin" is gender neutral and can refer to male or female; in Creole *kouzen* is for males and *kouzin* is for females.

Place – Kote
Place – Espas
Easy - Fasil
To find – Twouve
To find – Jwenn
To look for / to search – Chache
To look for / to search – Chèche
To wait - Tann
To sell - Vann
To use - Itilize
To know - Konnen
To decide - Deside
Near / close / next to – Tou prè
Between - Ant
Two - De
To – Pou
That (conjunction) - Ke

This place is easy to find
Kote sa a fasil pou jwenn li
I am saying to wait until tomorrow
Mwen di tann jiska demen
It's easy to sell this table
Li fasil pou vann tab sa a
I want to use this
Mwen vle itilize sa a
I need to know where is the house
Mwen bezwen konnen kote kay la ye
I need to look for you at the mall.
Mwen bezwen chèche ou nan sant komèsyal la.
Is this place near?
Èske kote sa a tou pre?
I need to know that everything is ok
Mwen bezwen konnen ke tout bagay ok

*"I need to" is *mwen dwe* when something is a requirement or *mwen bezwen* when it refers to something as a desire.

- "I need to" / *mwen dwe* (for a requirement) or *mwen bezwen* (for a desire).

To buy - Achte
Both - Yo de
Them / they - Yo
Their - Pa yo
Book - Liv
Mine - Pa mwen
Not mine – Pa pa mwen
To understand - Konprann
Problem / Problems - Pwoblèm
Of - Pou
Enough - Ase
Food - Manje
Water - Dlo
Hotel – Otèl
Each / every - Chak

I want to buy a bottle of water
Mwen vle achte yon boutèy dlo
Do it like this!
Fè li konsa!
Both of them have enough food
Tou de gen ase manje
That is the book, and that book is mine
Sa a se liv la e liv sa a se pou mwen
That book is mine.
Liv sa se pou mwen.
I need to understand the problem
Mwen bezwen konprann pwoblèm nan
I have a view of the city from the hotel
Nan otèl la mwen gen yon vi sou vil la

*In Haitian Creole:
- "Them", "They" / *yo*.
- "That is" / *sa se*.
- "The book" / *liv la*.
- "That book" / *e liv sa a*.
- "mine" / *pou mwen*.

**Yon* is used to signify the article "a".

**Konsa* / "like" (the preposition).

I like – Mwen renmen
There is – Gen / genyen
There are – Gen / genyen
Family – Fanmi
Parents – Paran
Why – Poukisa
Something – Kèk bagay
To say - Di
To go - Ale
To work - Travay
To know - Konnen
Ready - Prè
Soon - Toutalè
Who - Ki
I do / I am doing – Mwen fè
I do / I am doing – Mwen ap fè

I like to be at my house with my parents
Mwen renmen rete lakay mwen ak paran mwen yo
Why do I need to say something important?
Poukisa mwen bezwen di yon bagay enpòtan?
I am there with him
Mwen la avèk li
I am busy, but I need to be ready soon
Mwen okipe men mwen dwe prè toutalè
I like to go to work
Mwen renmen ale travay
Who is there?
Kiyès ki la a?
I want to know if they are here.
Mwen vle konnen si yo isit la.
I can go outside.
Mwen ka ale deyò.
There are seven dolls
Gen sèt poupe
I do what I want.
Mwen fè sa mwen vle.

*The translation of "to go outside" is *soti/pati*.

How much - Konbyen
To bring - Pote
With me – Avèk mwen
Instead – Olye/Nan plas
Only - Sèlman
When - Kilè/lè
I can / Can I? – Mwen kapab
I can / Can I? – Èske mwen kapab?
Or – Oswa
Or – Oubyen
Were - Te
Without me – San mwen
Fast - Vit
Slow - Dousman
Cold - Frèt
Inside – Anndan
To eat - Manje
Hot - Cho
To Drive - Kondui

How much money do I need to bring with me?
Ak konbyen kòb mwen dwe mache?
I like bread instead of rice.
Mwen renmen pen olye de diri.
Only when you can
Sèlman lè ou kapab
Go there without me.
Ale la san mwen.
I need to drive the car very fast or very slowly
Mwen dwe kondui machin nan byen rapid oswa tou dousman
It is cold inside the library
Li fè fret anndan bibliyotèk la
I like to eat a hot meal for my lunch.
Mwen renmen manje yon repa cho pou manje midi mwen.
I can work today
Mwen kapab travay jodi a

*In Haitian Creole "I can" is *mwen kapab*, however "can I?" is *Èske mwen kapab?*

To answer - Reponn
To fly - Vole
Today - Jodi a
To travel - Vwayaje
To learn - Aprann
How – Kòman / Kijan
To swim - Naje
To practice – Pratike
To play - Jwe
To leave – Kite (an object behind)
To leave – Pati (to go / depart)
Many / much / a lot – Anpil / Plizyè / Yon pakèt
I go to – Mwen prale nan
First - Premye
Time / Times – Tan/Fwa/Lè *(see footnote)*

I need to answer many questions
Mwen dwe reponn anpil kesyon/ Mwen bezwen reponn anpil kesyon
The bird must fly
Zwazo a dwe vole
I need to learn to swim at the pool
Mwen bezwen aprann naje nan pisin nan
I want to learn how to play better tennis.
Mwen vle aprann ki jan pou mwen byen jwe tennis.
Everything is about the money.
Tout bagay se lajan.
I want to leave my dog at home.
Mwen vle kite chen mwen an lakay mwen.
I want to travel the world.
Mwen vle vwayaje nan tout mond lan.
Since the first time
Depi premye fwa a
The children are yours
Timoun yo se pou ou/ Timoun yo se pou nou

*In Creole, there are three way of expressing time:
- "time" / *tan* refers to "era", "moment period," "duration of time."
- "time(s)" / *fwa* refers to "occasion" or "frequency."
- "time" / *lè* references "hour," "what time is it?"

Nobody / anyone – Pyès moun/ Pèsòn
Against - Kont
Us - Nou
To visit – Vizite
To visit – Ale wè
Mom / Mother - Manman
To give - Bay
Which - Kilès
To meet - Rankontre
Someone – Yon moun
Just - Jis
To walk - Mache
Around – Alantou
Around – Ozalantou
Towards – Nan direksyon
Than - Pase
Nothing / Anything - Anyen

Something is better than nothing
Genyen yon bagay pi bon pase pa genyen
I am against him
Mwen kont li
We go to visit my family each week
Nou ale wè fanmi mwen chak semèn
I need to give you something
Mwen bezwen ba ou yon bagay
Do you want to meet someone?
Èske ou vle rankontre yon moun?
Èske nou vle rankontre yon moun?
I am here on Wednesdays as well
Mwen isit la lè mèkredi tou
You do this every day?
Èske ou fè sa chak jou?
Èske nou fè sa chak jou?
You need to walk around the school.
Ou bezwen mache nan lekòl la.

*With the knowledge you've gained so far, now try to create your own sentences!

I have – Mwen gen
Don't / doesn't – Pa
Don't have / doesn't have – Pa gen
Friend - Zanmi
To borrow - Prete
To look like – Sanble avèk
Grandfather – Granpapa
Grandfather – Granpè
To want - Vle
To stay - Rete
To continue - Kontinye
Way – Chemen
Way – Fason
That's why – Se poutèt sa
To show - Montre
To prepare - Prepare
I am not going – Mwen pa prale
Goodbye - Orevwa

Do you want to look like Jean?
Èske ou vle sanble ak Jean? / Èske nou vle sanble ak Jean?
I want to borrow this book for my grandfather
Mwen vle prete liv sa a pou granpapa mwen
I want to drive and to continue on this way to my house
Mwen vle kondui e kontinye sou chemen sa pou rive lakay mwen
I want to stay in Cap Haitian because I have a friend there.
Mwen vle rete Okap paske mwen gen yon zanmi la.
I am not going to see anyone here
Mwen pa prale wè pyès moun isit la
I need to show you how to prepare breakfast
Mwen dwe montre ou kijan pou prepare manje maten
Why don't you have the book?
Poukisa ou pa gen liv la?
That is incorrect, I don't need the car today
Sa pa kòrèk, mwen pa bezwen machin nan jodi a
Goodbye my friend.
Orevwa zanmim.

*"Have" is *gen*, however "don't have" or "doesn't have" is *pa gen*.

To remember - Sonje
Your (Sing) – Pa ou
Number - Nimewo
Hour - Lè
Dark / darkness – Fè nwa
About - Konsènan
Grandmother - Granmè
Five - Senk
Minute - Minit
Minutes - Minit yo
More - Plis
To think - Panse
To do - Fè
To come - Vini
To hear - Tande
Last - Dènye
To look - Gade
Because - Paske
Quickly - Vit

Come here quickly.
Vini vit isit la.
I like this hotel because it's near the beach
Mwen renmen otèl sa a paske li toupre plaj la.
I want to look at the view.
Mwen vle gade paysaj la.
You need to remember my number
Ou bezwen sonje nimewo mwen.
This is the last hour of darkness
Sa se dènye lè fènwa a.
I want to come with you.
Mwen vle vini avèk ou.
I can hear my grandmother speaking French.
Mwen ka tande grann mwen ap pale franse.
I need to think about this more.
Mwen bezwen panse plis sou sa.
From here until there, it's only five minutes
Soti isit la rive laba, se sèlman senk minit.

To leave – Pati
To leave – Kite
Again - Ankò
To take - Pran
To try - Eseye
To rent - Lwe
Without her – San li
We are - Nou se
To turn off - Etèn
To ask - Mande
To stop - Kanpe
To sleep – Dòmi
Permission - Pèmisyon
Myself – Mwen menm

He must go and rent a house at the beach.
Li dwe ale lwe yon kay sou plaj la.
We are here a long time
Nou isit la depi lontan
I need to turn off the lights early tonight
Mwen dwe etèn limyè yo bonè aswè a
We want to stop here
Nou vle kanpe isit la
We are from France.
Nou soti Lafrans.
Your doctor is in the same building.
Doktè w la nan menm batiman an.
In order to leave you have to ask permission.
Pou w ka ale ou oblije mande pèmisyon.
Our house is on the mountain.
Kay nou an sou mòn lan.
I want to go to sleep
Mwen vle al dòmi
Where is the airport?
Kote ayewopò a?

*In Creole, "night" is *lannuit* but "tonight" is *aswè a*.

*"A long time" / *depi lontan*.

To open - Ouvri
To buy - Achte
To pay - Peye
To order – Kòmande
To order – Demann
Last - Dènye
Without - San
Sister - Sè
To hope - Espere
To live - Viv
Nice to meet you – Kontan rekonèt ou
Name - Non
Last name - Siyati
To return - Retounen
Enough - Ase
Door - Pòt

I want to order a soup.
Mwen vle kòmande yon soup.
I need to open the door for my sister
Mwen bezwen ouvri pòt la pou sè mwen an
I need to buy something
Mwen bezwen achte yon bagay
I want to meet your brothers.
Mwen vle rankontre frè ou yo.
Nice to meet you, what is your name and your last name?
Mwen kontan rekonèt ou, ki non ak siyati ou?
We can hope for a better future.
Nou ka swete yon pi bon avni.
It is impossible to live without problems.
Li enposib pou viv san pwoblèm.
I want to return to the United States.
Mwen vle retounen Ozetazini.
Why are you sad right now?
Poukisa ou tris kounye a la?
Poukisa nou tris kounye a la?

*This isn't a phrase book! The purpose of this book is solely to provide you with the tools to create your own sentences!

To drink - Bwè
Excuse me – Eskize m
Child - Timoun
Woman - Fanm
To begin / To start - Kòmanse
To finish - Fini
To help - Ede
To smoke - Fimen
To love - Renmen
To talk / to speak - Pale

Excuse me, my child is here as well
Eskizem pitit mwen an isit la tou
We want to start the class soon.
Nou vle kòmanse kou a byento.
In order to finish at three o'clock this afternoon, I need to finish soon
Pou m fini a twazè apremidi, mwen bezwen fini byento
I want to learn how to speak perfect Creole
Mwen vle aprann pale bon kreyòl.
I don't want to smoke again
Mwen pa vle fimen ankò
I love you
Mwen renmen ou
I see you
Mwen wè ou
I need you
Mwen bezwen ou/ Mwen bezwen nou
I want to help
Mwen vle ede

*In Creole:
- "I want" / *mwen vle*

- "You want" (informal) / *ou vle*

- "He," "she," "it wants" / *li vle.*

- "We want" / *nou vle*

- "You want" (formal) / *nou vle*

- "They want" / *Yo vle*

To read - Li
To write - Ekri
To teach – Aprann
To teach – Fè kou
To happen - Rive
To close - Fèmen
To turn on - Limen
To prefer - Prefere
To choose - Chwazi
To put - Mete
Less - Mwens
Sun - Solèy
Month - Mwa
I talk – Mwen pale
France - Lafrans
Exact – Ekzat

This needs to happen today
Sa dwe rive jodia
I need this book to learn how to read and write in French
Mwen bezwen liv sa a pou m aprann li ak ekri an fransè
I want to teach English in Haiti
Mwen vle anseye anglè an Ayiti
I want turn on the lights and close the door.
Mwen vle limen limyè yo epi fèmen pòt la.
I want to pay less than you.
Mwen vle peye mwens pase ou.
I prefer to put this here.
Mwen prefere mete sa isit la.
I speak with the boy and the girl in Creole
Mwen pale avèk ti gason an epi tifi a an kreyòl
There is sun outside today.
Gen solèy deyò a jodi a.
Is it possible to know the exact date?
Èske li posib pou nou konn dat ekzat la?

*In English, adjectives precede the noun, for example, "exact date," but in Creole it's usually the opposite, *dat ekzat la*.

To exchange - Chanje
To call - Rele
Brother - Frè
Dad - Papa
To sit - Chita
Together - Ansanm
To change - Chanje
Of course - Natirèlman
Welcome - Byenvini
During - Pandan
Years - Ane
Sky - Syèl
Up - Anwo
Down - Anba
Sorry - Dezole
To follow - Suiv
Her /him – Li
Big – Gran/Gwo
New - Nouvo
Never – Jamè

I am never able to exchange this money at the bank.
Mwen pa janm ka chanje lajan sa a nan bank la.
I want to call my brother and my dad today
Mwen vle rele frè m ak papa m jodi a
Of course I can come to the theater, and I want to sit together with you and with your sister
Natirèlman mwen kapab vini nan teyat la e mwen vle chita ansanm avèk ou epi sè ou
If you look under the table, you can see the new rug.
Si ou gade anba tab la, w ap wè nouvo tapi an.
I am sorry.
Mwen regrèt.
I can see the sky from the window
Mwen kapab wè syèl la apati fenèt la
The dog wants to follow me to the store.
Chen an vle swiv mwen nan magazen an.

*"To exchange" and "to change" has the same meaning in Creole: *chanje*

To allow - Pèmèt
To believe - Kwè
Morning - Maten
Except – Sèlman/Sof
To promise - Pwomèt
Good night - Bonswa/ Bon lannuit
To recognize - Rekonèt
People - Moun
To move – Deplase/Bouje
Far - Lwen
Different - Diferan
Man - Gason
To enter – Antre/Rantre
To receive - Resevwa
Throughout – Tou patou/ Pandan toutan
Good afternoon – Bonswa
Good afternoon – Bon apremidi
Through - Nan
Him / her – Li
On - Sou
Our - Nou

I need to allow him to go with us.
Mwen bezwen pèmèt li ale avèk nou.
He is a different man now.
Li se yon nonm diferan kounye a.
I believe everything except for this
Mwen kwè tout bagay sof sa a
I can't recognize him.
Mwen paka rekonèt li.
I must promise to say good night to my parents each night
Mwen dwe pwomèt pou m di paran mwen yo bon lannuit chak swa
I need to move your cat to another chair
Mwen dwe deplase chat ou an mete sou yon lòt chèz
I see the sun throughout the morning from the kitchen
Mwen wè solèy la pandan tout maten an depi nan kizin nan
I go into the house from the front entrance and not through the yard.
Mwen antre nan kay la pa pòt devan an e pa nan lakou a.

To wish - Swete
Bad - Move
To get - Jwenn
To forget - Bliye
Everybody / Everyone – Tout moun
Although - Malgre
Although - Menm
To feel - Santi
Great - Gran
Next (next as in upcoming) – Pwochen
Next (next as in upcoming) – Suivan
To like - Renmen
In front - Devan
Person - Moun
Behind - Deyè
Well - Byen
Restaurant - Restoran
Bathroom - Twalèt

I don't want to wish you anything bad
Mwen pa vle swete ou anyen ki mal
I must forget everybody from my past.
Mwen dwe bliye tout moun ki fè pati de pase mwen.
To feel well I must take vitamins
Pou m santi m byen fòk mwen pran vitamin
I am next to the person behind you
Mwen sou kote moun ki dèyè w la
There is a great person in front of me
Gen yon gwo moun devan mwen an
Which is the best restaurant in the area?
Ki pi bon restoran nan zòn nan?
I can feel the heat.
Mwen ka santi chalè a.
I need to repair a part of the cabinet of the bathroom.
Mwen dwe repare yon pati nan kabinè twalèt la.
She has to get a car before the next year
Li bezwen achte yon machin anvan ane pwochen
I like the house, but it is very small.
Mwen renmen kay la, men li piti anpil.

To remove - Deplase / retire / elimine
Please – Tanpri / souple
Beautiful - Bèl
To lift – Leve/Pote
Include / Including - Gen ladann
Belong - Pou
To hold - Kenbe
To check - Verifye
Small – Piti
Next *(as in next year)* - Pwochen/Suivan
Next *(as in near)* – Tou prè, toupre
Real – Bon
Week - Semèn
Size – Tay/Gwosè
Even though – Menm si
Doesn't - Pa
So - Alò
Price - Pri

She wants to remove this door please
Tanpri li vle deplase pòt la
This doesn't belong here, I need to check again
Sa pa pou la a, mwen dwe verifye ankò
This week the weather was very beautiful
Semèn sa a te gen bon tan
Is that a real diamond?
Èske se yon vrè dyaman?
We need to check the size of the house
Nou dwe verifye gwosè kay la
I want to lift this.
Mwen vle leve sa a.
The sun is high in the sky.
Solèy la wo nan syèl la.
Can you please put the wood in the fire?
Èske ou ka mete bwa a nan dife, tanpri?
Can you please hold my hand?
Èske ou ka kenbe men mwen tanpri?
I can pay this although that the price is expensive
Mwen kapab peye li menm lè pri an chè

Building Bridges

In Building Bridges, we take six conjugated verbs that have been selected after studies I have conducted for several months in order to determine which verbs are most commonly conjugated, and which are then automatically followed by an infinitive verb. For example, once you know how to say, "I need," "I want," "I can," and "I like," you will be able to connect words and say almost anything you want more correctly and understandably. The following three pages contain these six conjugated verbs in first, second, third, fourth, and fifth person, as well as some sample sentences. Please master the entire program up until here prior to venturing onto this section.

I want – Mwen vle
I need – Mwen bezwen
I can – Mwen kapab
I like – Mwen renmen
I go – Mwen prale
I have - Gen
I have to / I must – Mwen dwe

I want to go to my house.
Mwen vle ale lakay mwen.

I can go with you to the bus station.
Mwen kapab ale avèk ou nan estasyon bis la.

I need to leave the museum.
Mwen bezwen kite mize a.

I like to eat oranges.
Mwen renmen manje zoranj.

I am going to teach a class.
Mwen pral fè klas.

I have to speak to my teacher.
Mwen dwe pale avèk pwofesè mwen an.

You want / do you want – Ou vle /Èske ou vle?
He wants / does he want – Li vle/ Èske li vle?
She wants / does she want - Li vle/ Èske li vle?
We want / do we want – Nou vle/ Èske nou vle?
They want / do they want – Yo vle/ Èske yo vle?
You (plural) want – Nou vle /Èske nou vle?

You need / do you need - Ou bezwen/ Èske ou bezwen?
He needs / does he need - Li bezwen/ Èske li bezwen?
She needs / does she need - Li bezwen/ Èske li bezwen?
We want / do we want - Nou bezwen/ Èske nou bezwen?
They need / do they need - Yo bezwen/ Èske yo bezwen?
You (plural) need - Nou bezwen/ Èske nou bezwen?

You can / can you - Ou kapab/ Èske ou kapab?
He can / can he - Li kapab/ Èske Li kapab?
She can / can she - Li kapab/ Èske Li kapab?
We can / can we - Nou kapab/ Èske nou kapab?
They can / can they - Yo kapab/ Èske yo kapab?
You (plural) can - Nou kapab/Èske nou kapab?

You like / do you like – Ou renmen/ Èske ou renmen?
He likes / does he like - Li renmen/ Èske li renmen?
She like / does she like - Li renmen/ Èske li renmen?
We like / do we like - Nou renmen/ Èske nou renmen?
They like / do they like - Yo renmen/ Èske yo renmen?
You (plural) like - Nou renmen /Èske nou renmen?

You go / do you go – Ou ale/ Èske ou ale?
He goes / does he go - Li ale/ Èske li ale?
She goes / does she go - Li ale/ Èske li ale?
We go / do we go - Nou ale/ Èske nou ale?
They go / do they go - Yo ale/ Èske yo ale?
You (plural) go - Nou ale? / Èske nou ale?

You have / do you have - Ou genyen/ Èske ou genyen?
He has / does he have – Li genyen / Èske li genyen?
She has / does she have - Li genyen / Èske li genyen?
We have / do we have - Nou genyen / Èske nou genyen?
They have / do they have - Yo genyen / Èske yo genyen?
You (plural) have - Ou genyen /Èske nou genyen?

35

*Questions can be asked by inverting the conjugated verb and the subject pronoun, and then joining them. For example: "Do you want to go?" / Èske ou vle ale?

Do you want to go?
Èske ou vle ale?
Èske nou vle ale?

Does he want to fly?
Èske li vle pran avyon?

We want to swim
Nou vle naje

Do they want to run?
Èske yo vle kouri?

Do you need to clean?
Èske ou bezwen netwaye?
Èske nou bezwen netwaye?

She needs to sing a song
Li bezwen chante yon chante

We need to travel
Nous bezwen vwayaje

They don't need to fight
Yo pa bezwen batay

You (plural) need to save your money.
Ou (pliryèl) dwe ekonomize lajan ou.

Can you listen to me?
Èske ou kapab koute m? / Èske nou kapab koute m?

He can dance very well
Li kapab danse byen anpil

We can go out tonight
Nou kapab soti aswè a

The fireman can break the door during an emergency.
Ponpye a ka kraze pòt la pandan yon ijans.

Do you like to eat here?
Èske ou renmen manje isit la?

Èske nou renmen manje isit la?

He likes to spend time here
Li renmen pase tan isit la

We like to fix the house
Nou renmen repare kay la

They like to cook
Yo renmen fè manje

You (plural) like to play soccer.
Ou (pliryèl) renmen jwe foutbòl.

Do you go to the movies on weekends?
Ou ale nan sinema nan wikenn?

He goes fishing
Li ale peche

We are going to relax
Nou pral detann nou

They go out to eat at a restaurant everyday.
Yo soti al manje nan yon restoran chak jou.

Do you have money?
Èske ou gen lajan?
Èske nou gen lajan?

She must look outside
Li dwe gade deyò

We have to sign our names
Nou dwe siyen non nou

They have to send the letter
Yo dwe voye lèt la

You (plural) have to stand in line.
Ou (pliryèl) oblije kanpe nan liy.

Days of the Week
Sunday - Dimanch
Monday - Lendi
Tuesday - Madi
Wednesday - Mèkredi
Thursday - Jedi
Friday - Vandredi
Saturday - Samdi

Seasons
Spring - Prentan
Summer - Ete
Autumn - Otòn
Winter - Ivè

Cardinal Directions
North - Nò
South - Sid
East – Lès
West - Lwès

Numbers
One - Youn
Two - De
Three - Twa
Four - Kat
Five - Senk
Six - Sis
Seven - Sèt
Eight - Uit
Nine - Nèf
Ten – Dis
Twenty - Ven
Thirty - Trant
Forty - Karant
Fifty - Senkant
Sixty - Swasant
Seventy - Swasandis
Eighty - Katreven
Ninety - Katrevendis

Hundred - San
Thousand - Mil
Million - Milyon

Colors
White - Blan
Gray - Gri
Yellow - Jòn
Green - Vèt
Orange - Oranj
Purple - Vyolèt
Brown - Mawon
Red - Wouj
Blue - Ble
Black – Nwa

Conclusion

Congratulations! You have completed all the tools needed to master the Haitian Creole language, and I hope that this has been a valuable learning experience. Now you have sufficient communication skills to be confident enough to embark on a visit to Haiti, impress your friends, and boost your resume so *good luck*.

This program is available in other languages as well, and it is my fervent hope that my language learning programs will be used for good, enabling people from all corners of the globe and from all cultures and religions to be able to communicate harmoniously. After memorizing the required three hundred and fifty words, please perform a daily five-minute exercise by creating sentences in your head using these words. This simple exercise will help you grasp conversational communications even more effectively. Also, once you memorize the vocabulary on each page, follow it by using a notecard to cover the words you have just memorized and test yourself and follow *that* by going back and using this same notecard technique on the pages you studied during the previous days. This repetition technique will assist you in mastering these words in order to provide you with the tools to create your own sentences.

Every day, use this notecard technique on the words that you have just studied.

Everything in life has a catch. The catch here is just consistency. If you just open the book, and after the first few pages of studying the program, you put it down, then you will not gain anything. However, if you consistently dedicate a half hour daily to studying, as well as reviewing what you have learned from previous days, then you will quickly realize why this method is the most effective technique ever created to become conversational in a foreign language. My technique works! For anyone who doubts this technique, all I can say is that it has worked for me and hundreds of others.

Conversational Haitian Creole
Quick and Easy
The Most Innovative Technique to Learn the Haitian Creole Language

Part II

YATIR NITZANY

Introduction to the Program

In the first book, you were taught the 350 most useful words in the Haitian Creole language, which, once memorized, could be combined in order for you to create your own sentences. Now, with the knowledge you have gained, you can use those words in Conversational Creole Quick and Easy Part 2 and Part 3, in order to supplement the 350 words that you've already memorized. This combination of words and sentences will help you master the language to even greater proficiency and quicker than with other courses.

The books that comprise Parts 2 and 3 have progressed from just vocabulary and are now split into various categories that are useful in our everyday lives. These categories range from travel to food to school and work, and other similarly broad subjects. In contrast to various other methods, the topics that are covered also contain parts of vocabulary that are not often broached, such as the military, politics, and religion. With these more unusual topics for learning conversational languages, the student can learn quicker and easier. This method is flawless and it has proven itself time and time again.

If you decide to travel to Haiti, then this book will help you speak the Creole language.

This method has worked for me and thousands of others. It surpasses any other language-learning method system currently on the market today.

This book, Part 2, specifically deals with practical aspects concerning travel, camping, transportation, city living, entertainment such as films, food including vegetables and fruit, shopping, family including grandparents, in-laws, and stepchildren, human anatomy, health, emergencies, and natural disasters, and home situations.

The sentences within each category can help you get by in other countries.

In relation to travel, for example, you are given sentences about food, airport necessities such as immigration, and passports. Helpful phrases include, "Where is the immigration and passport control inside the airport?" and "I want to order a bowl of cereal and toast with jelly." For flights there are informative combinations such as, "There is a long line of passengers in the terminal because of the delay on the runway." When arriving in another country options for what to say include, "We want to hire a driver for the tour. However, we want to pay with a credit card instead of cash" and, "On which street is the car-rental agency?

When discussing entertainment in another country and in a new language, you are provided with sentences and vocabulary that will help you interact with others. You can discuss art galleries and watching foreign films. For example, you may need to say to friends, "I need subtitles if I watch a foreign film" and, 'The mystery-suspense genre films are usually good movies'. You can talk about your own filming experience in front of the camera.

The selection of topics in this book is much wider than in ordinary courses. By including social issue such as incarceration, it will help you to engage with more people who speak the language you are learning.

Part 3 will deal with vocabulary and sentences relevant to indoor matters such as school and the office, but also a variety of professions and sports.

TRAVEL - VWAYAJ

Flight - Vòl
Airplane - Avyon
Airport – Ayewopò
Terminal - Terminal
Passport - Paspò / **Customs** - Ladwàn
Take off (airplane) – Dekolaj
Landing - Aterisaj
Departure - Depa
Arrival – Arive
Luggage - Bagaj / **Suitcase** - Valiz
Baggage claim - Reklamasyon bagaj
Passenger – Pasaje
Final Destination – Destinasyon final
Boarding - Pansyon / **Gate** - Pòt
Runway - Pis
Wing - Zèl
Line - Liy
Delay - Reta

I enjoy traveling.
Mwen renmen vwayaje.
This is a very expensive flight.
Vòl sa a chè anpil.
The airplane takes off in the morning and lands at night.
Avyon an dekole nan maten epi ateri nan mitan nwit lan.
My suitcase is at the baggage claim.
Valiz mwen an nan reklamasyon bagaj la.
We need to go to the departure gate instead of the arrival gate.
Nou bezwen ale nan pòtay depa a olye de pòtay arive.
There is a long line of passengers in the terminal because of the delay on the runway.
Gen yon long liy pasaje nan tèminal la akòz reta a sou pis la.
What is your final destination?
Ki destinasyon final ou a?
I don't like to sit above the wing of the airplane.
Mwen pa renmen chita nan pati zèl avyon an.
The flight takes off at 3pm, but the boarding commences at 2:20pm.
Vòl la dekole a 3pm, men pasaje yo kòmanse monte a 2:20pm.
Where is the passport control inside the airport?
Ki kote kontwòl paspò a ye anndan ayewopò an?
I am almost finished at customs.
Mwen prèske fini ak ladwann.

International flight – Vòl entènasyonal
Domestic flight – Vòl domestik
Business class – Klas biznis
First class – Premye klas
Economy class – Klas Ekonomi
Round trip - Vwayaj ale/ **Direct flight** - Vòl dirèk
One-way flight – Vòl yon sèl ale
Return flight - Vòl retou
Flight attendant - Otès
Layover / connection - Deplasman/ koneksyon
Reservation - Rezèvasyon / **Security check** – Tcheke sekirite
Checked bags – Gwo malèt / **Carry on bag** – Ti bagaj
Business trip - Vwayaj biznis
Check in counter – Tcheke nan kontwa
Travel agency - Ajans vwayaj
Visa - Viza / **Country** – Peyi
Temporary visa – Viza tanporè
Permanent visa – Viza pèmanan

The flight attendant told me to go to the check in counter.
Otès la vòl la te di m 'ale nan kontwa pou m tcheke a
For international flights, you must be at the airport at least three hours before the flight.
Pou vòl entènasyonal, ou dwe nan ayewopò a omwen 3 zèd tan anvan vòl la.
For a domestic flight, I need to arrive at the airport at least two hours before the flight.
Pou yon vòl domestik, mwen bezwen rive nan ayewopò a omwen 2 zèdtan anvan vòl la.
Business class is usually cheaper than first class.
Klas biznis anjeneral pi bon mache pase premye klas.
A one-way ticket is cheaper than the round-trip ticket at the travel agency.
Yon tikè yon sèl ale pi bon mache pase tikè ale retou nan ajans vwayaj la.
I prefer a direct flight without a layover.
Mwen prefere yon vòl dirèk san eskal.
I must reserve my return flight.
Mwen dwe rezève vòl retounen mwen an.
Why do I need to remove my shoes at the security check?
Poukisa mwen bezwen retire soulye mwen nan chèk sekirite a?
I have three checked bags and one carry-on.
Mwen gen twa valiz tcheke ak yon sèl ti bagaj.
I have to ask my travel agent if this country requires a visa.
Mwen dwe mande ajan vwayaj mwen an si mwen dwe gen viza pou peyi sa a

Trip – Vwayaj
Tourist - Touris
Tourism - Touris
Holiday - Jou Konje
Vacations - Vakans
Currency exchange - Echanj lajan
Port of entry - Pò antre
Car rental agency - Ajans lokasyon machin
Identification - Idantifikasyon
GPS - GPS / **Road** - Wout/ **Map** - Kat jeyografik
Information center - Sant enfòmasyon
Bank - Bank
Hotel – Otèl/ **Motel** - Motel / **Hostel** - Otèl
Leisure – Plezi/Lwazi
Driver – Chofè / **A guide** - Yon gid/ **Tour** - Tour
Credit - Kredi/ **Cash** - Lajan Kach
Ski resort – Otèl ski

I had an amazing trip.
Mwen te pase yon bon vwayaj.
The currency exchange counter is past the port of entry.
Kontwa echanj lajan an aprè pò antre a.
There is a lot of tourism during the holidays and vacations.
Gen anpil touris pandan jou ferye yo ak vakans.
Where is the car-rental agency?
Kote ajans lokasyon machin nan ye?
You need to show your identification.
Ou dwe montre pyès idantite ou.
It's more convenient to use the GPS on the roads instead of a map.
Li pi bon pou itilize GPS la sou wout yo olye de yon kat.
Why is the information center closed today?
Poukisa sant enfòmasyon an fèmen jodi a?
When I am in a foreign country, I go to the bank before I go to the hotel.
Lè mwen nan yon peyi etranje, mwen ale nan bank la anvan mwen ale nan otèl la.
I need to book my leisure vacation at the ski resort today.
Mwen bezwen rezève vakans lwazi mwen a nan otèl ski a jodi a.
We want to hire a driver for the tour.
Nou vle anboche yon chofè pou vwayaj la.
We want to pay with a credit card instead of cash.
Nou vle peye ak yon kat kredi olye de lajan kach.
Does the tour include an English-speaking guide?
Èske vwayaj la gen ladann yon gid ki pale anglè?

TRANSPORTATION - TRANSPÒ

Car - Machin
Bus - Otobis / **School bus** – Otobis lekòl
Train - Tren/ **Train station** - Estasyon tren
Train tracks – Wout Tren
Train cart – Charyo Tren
Taxi - Taksi
Subway - Metro
Motorcycle - Motosiklèt
Scooter - Scooter
Station - Estasyon
Helicopter - Elikoptè
Limousine - Limouzin
Driver license - Lisans chofè
Vehicle registration - Enskripsyon machin
License plate - Plak lisans
Ticket - Tikè
Ticket (penalty) - Sanksyon

Where is the public transportation?
Kote transpò piblik la?
Where can I buy a bus ticket?
Ki kote mwen ka achte yon tikè otobis?
Please call a taxi.
Tanpri rele yon taksi.
In some cities, you don't need a car because you can rely on the subway.
Nan kèk vil, ou pa bezwen yon machin paske ou ka pran tren an.
Where is the train station?
Kote estasyon tren an?
The train cart is still stuck on the tracks.
Charyo tren an toujou kole sou ray yo.
The motorcycles make loud noises.
Motosiklèt yo fè gwo bri.
Where can I rent a scooter?
Ki kote mwen ka lwe yon scooter?
I want to plan a helicopter tour.
Mwen vle planifye yon vwayaj elikoptè.
I want to go to the party in a limousine.
Mwen vle ale nan fèt la nan yon limouzin.
Don't forget to bring your driver's license and registration.
Pa bliye pote lisans chofè w ak anrejistreman w.
The cop gave me a ticket because my license plate has expired.
Polisye a ban mwen yon tikè paske plak machin mwen an ekspire.

Truck – Kamyon
Pickup truck - Pickup kamyon
Bicycle – Bisiklèt
Van – Bis Van
Gas station – Estasyon gaz
Gasoline - Gazolin
Tire - Kawotchou
Oil change – Chanjman lwil
Tire change – Chanjman kawotchou
Mechanic – Mekanisyen
Canoe - Kannòt
Ship - Bato/ **Boat** – Bato / **Yacht** - Yatch
Sailboat - Bato a vwal **Motorboat** - Bato a motè
Marina - Marina / **The dock** - Waf la
Cruise - Kwazyè/ **Cruise ship** - Bato kwazyè
Ferry - Ferry
Submarine - Soumaren

I can put my bicycle in my truck.
Mwen ka mete bisiklèt mwen an nan kamyon mwen an.
Where is the gas station?
Ki kote estasyon gaz la ye?
I need gasoline and also to put air in my tires.
Mwen bezwen gazolin epi tou pou mwen bay kawotchou mwen yo van.
I need to take my car to the mechanic for a tire and oil change.
Mwen bezwen mennen machin mwen an kay mekanisyen an pou yon kawotchou ak chanjman lwil.
I can put my canoe in the van.
Mwen ka mete kannòt mwen an nan kamyonèt la.
Can I bring my yacht to the boat show at the marina?
Èske mwen ka pote yatch mwen an nan show bato a nan marina a?
I prefer a motorboat instead of a sailboat.
Mwen prefere yon bato a motè olye de yon bato a vwal.
I want to leave my boat at the dock on the island.
Mwen vle kite bato mwen an nan waf la sou zile a.
This spot is a popular stopping point for the cruise ship.
Tach sa a se yon pwen kanpe popilè pou bato kwazyè a.
This was an excellent cruise.
Se te yon bon kwazyè.
Do you have the schedule for the ferry?
Èske w gen orè pou tren an?
The submarine is yellow.
Soumaren an jòn.

CITY - VIL

Town - Vil
Village - Vilaj
House / home – Kay
Apartment - Apatman
Building - Batiman
Tower - Tou
Neighborhood – Katye
Office building – Batiman biwo
Post office – Biwo lapòs
Location - Kote
Elevator – Asansè/ **Stairs** - Eskalye
Fence - Kloti
Construction site – Sit konstriksyon
Bridge - Pon
Gate – Pòt, baryè
City hall – Meri
Mayor - Majistra
Fire department – Depatman Ponpye

Is this a city or a village?
Eske se yon vil oswa yon vilaj?
Does he live in a house or an apartment?
Èske li rete nan yon kay oswa yon apatman?
This residential building does not have an elevator, just stairs.
Bilding rezidansyèl sa a pa gen yon asansè, selman eskalye.
The tower is tall but the building beside it is very short.
Gwo kay won an wo men bilding ki bò kote li a kout anpil.
This is a beautiful neighborhood.
Sa se yon bèl katye.
There is a fence around the construction site.
Gen yon kloti alantou sit konstriksyon an.
The post office is located in that office building.
Biwo lapòs la sitiye nan bilding biwo sa a.
The bridge is closed today.
Pon an fèmen jodi a.
The gate is open.
Pòtay la louvri.
The fire department is located in the building next to city hall.
Depatman ponpye a sitiye nan bilding lan akote City Hall.
The city mayor is very well known.
Majistra vil la popilè anpil.

Street - Lari/ **Main street** - Ri prensipal
To park - Pou pake/ **Parking lot** - Espas pakinn / **Sidewalk** - Twotwa
Traffic - Trafik/ **Traffic light** - Limyè trafik / **Red light** – Limyè wouj
Yellow light - Limyè jòn /**Green light** – Limyè vèt
Lane - Liy /**Toll lane** - Liy peyaj
Fast lane – Liy vit / **Slow lane** – Liy dousman
Right lane – Liy dwat/ **Left lane** – Liy gòch
Highway – Gran wout/ **Intersection** - Entèseksyon/ **Tunnel** – Tinèl
U-turn - U-vire/ **Shortcut** - Chemen kout
Bypass - Kontoune
Stop sign - Siy Stop
Pedestrians - Pyeton/ **Crosswalk** - Pasaj pou pyeton

The parking is on the main street and not on the sidewalk.
Pakin nan se nan lari prensipal la epi li pa sou twotwa a.
Where is the parking lot?
Kote pakin lan?
The traffic is very bad today.
Trafik la pa bon menm jodi a.
You must avoid the fast lane because it's a toll lane.
Ou dwe evite liy rapid la paske li se yon liy peyaj.
We don't like to drive on the highway.
Nou pa renmen kondwi sou gran wout la.
At a red light you need to stop, at a yellow light you must be prepared to stop and at a green you can drive.
Nan yon limyè wouj ou bezwen kanpe, nan yon limyè jòn ou dwe prepare pou kanpe ak nan yon vèt ou ka kondwi.
This road has too many traffic lights.
Wout sa a gen twòp limyè trafik.
At the intersection, we need to stay in the left lane instead of the right lane because that's a bus lane.
Nan entèseksyon an, nou bezwen rete nan liy gòch la olye de liy dwat la paske sa a se yon liy otobis.
The tunnel seems longer than yesterday.
Tinèl la sanble pi long pase yè.
It's a short drive.
Li se yon kout kondwi.
The next bus stop is far away from here.
Pwochen estasyon otobis la byen lwen isit la.
You need to turn right at the stop sign and then continue on straight.
Ou bezwen vire adwat nan siy stop la epi kontinye tou dwat.
The pedestrians use the crosswalk to cross the road.
Pyeton yo itilize pasaj pou pyeton an pou yo travèse wout la.

Capital – Kapital
Resort - Otèl
Port - Pò
Road - Wout/ **Trail, path** – santye, chemen
Bus station - Estasyon otobis/ **Bus stop** – Otobis estasyon
Night club – Klèb
Downtown – Anba lavil
District - Distri/ **County** - Depatman
Statue - Estati/ **Monument** - Moniman
Castle – Chato / **Church** - Legliz/ **Cathedral** - Katedral
Synagogue - Sinagòg/ **Mosque** - Moske
Science museum – Mize Syans/ **Zoo** – Zou
Playground – Lakou rekreyasyon / **Swimming pool** – Pisin
Jail / Prison - Prizon

The capital is a major attraction point for tourists.
Kapital la se yon gwo pwen atraksyon pou touris yo.
The resort is next to the port.
Otèl la se akote pò a.
The night club is located in the downtown area.
Klèb lan sitiye nan zòn anba lavil la.
In which district do you live in?
Nan ki distri w ap viv?
This statue is a city monument.
Estati sa a se yon moniman nan vil la.
This is an ancient castle.
Sa a se yon chato ansyen.
Where is the local church?
Kote legliz lokal la?
That is a beautiful cathedral.
Sa se yon bèl katedral.
Do you want to go to the zoo or the science museum?
Ou vle ale nan zou a oswa mize syans la?
The children are in the playground.
Timoun yo nan lakou rekreyasyon an.
The swimming pool is closed for the community today.
Pisin lan fèmen pou kominote a jodi a.
You need to follow the trail alongside the main street to reach the bus station.
Ou bezwen swiv Chantye an bò lari prensipal la pou rive nan estasyon otobis la.
There is a jail in this county, but not a prison.
Gen yon sant detansyon nan depatman sa a, men se pa yon prizon.

ENTERTAINMENT - AMIZMAN

Film / movie - Fim
Theater (movie theater) - Teyat
Actor - Aktè
Actress - Aktris
Genre – Stil
Subtitles – Sou tit
Action film - Fim aksyon
Foreign film - Fim etranje
Mystery film – Fim Mistè / **Suspense film** – Fim sispens
Documentary film - Fim dokimantè /**Biography** - Byografi
Drama film – Fim Dram/ **Comedy film** - Fim komedi
Romance film - Fim romans
Horror film - Fim Dyab
Animation film - Fim animasyon/ **Cartoon** – Ti komik
Director – Direktè/ **Producer** - Pwodiktè
Audience – Odyans

There are three new movies at the theater that I want to see.
Gen twa fim nouvo nan teyat la ke mwen vle wè.
He is a really good actor.
Li se yon trè bon aktè.
She is an excellent actress
Li se yon aktris ekselan.
That was a good action movie
Sa te yon bon fim aksyon
We need subtitles if we watch a foreign film.
Nou bezwen sou-tit si nou gade yon fim etranje.
Mystery or suspense films are usually good movies.
Mistè oswa fim sispens yo anjeneral se bon fim.
I like documentary films. However, comedy-drama or romance films are better.
Mwen renmen fim dokimantè. Sepandan, fim komedyen-dram oswa romans yo pi bon.
Sometimes biographies are boring to watch.
Pafwa biyografi yo raz pou gade.
I like to watch horror movies.
Mwen renmen gade fim dyab.
It's fun to watch animated movies.
Se amizan pou gade ti komik.
The director and the producer can meet the audience today.
Direktè a ak pwodiktè a ka rankontre odyans lan jodi a.

Entertainment - Lwazi
Television - Televizyon
A show (as in television) – Yon Pwogram
A show (as in live performance) – Yon show
Channel – Chèn
Series (in television) - Seri
Commercial - Reklam
Episode - Epizòd
Anchorman - Prezantatè
Anchorwoman - Prezantatris
News - Nouvèl
News station – Estasyon nouvèl
Screening - Seleksyon
Live broadcast – Emisyon an dirèk
Broadcast - Emisyon
Headline - Tit
Viewer – Espektatè
Speech – Diskou
Script - Script
Screen - Ekran
Camera - Kamera

It's time to buy a new television.
Li lè pou achte yon nouvo televizyon.
This was the first episode of this television show yet it was a long series.
Sa a te premye epizòd nan emisyon televizyon sa a men li te yon seri long.
There aren't any commercials on this channel.
Pa gen okenn reklam sou chanèl sa a.
This anchorman and anchorwoman work for our local news station.
Prezantatè sa a ak prezantatris la ap travay pou estasyon nouvèl lokal nou an.
They decided to screen a live broadcast on the news.
Yo deside difize yon emisyon an dirèk nan nouvèl la.
The news station featured the headlines before the program began.
Estasyon nouvèl la te prezante tit yo anvan pwogram nan te kòmanse.
Tonight, all the details about the incident were mentioned on the news.
Aswè a, tout detay sou ensidan an te mansyone nan nouvèl la.
The viewers wanted to hear the presidential speech today.
Telespektatè yo te vle tande diskou prezidansyèl la jodi a.
I must read my script in front of the screen and the camera
Mwen dwe li script mwen an devan ekran an ak kamera a
We want to enjoy the entertainment this evening.
Nou vle jwi divètisman an aswè a.

Theater (play) – Teyat
A musical - Yon teyat mizik
A play - Yon pyès teyat
Stage – Etap/ **Audition** - Odisyon
Performance – Pèfòmans
Box office - Biwo bwat
Ticket – Tikè
Singer – Chantè / **Band** – Bann
Orchestra - Òkès / **Opera** - Opera
Music - Mizik
Song - Chante
Musical instrument – Enstriman mizik
Drum - Tanbou
Guitar - Gita
Piano - Pyano
Trumpet – twonpèt
Violin – Vyolon
Flute - Flit
Art - Atizana
Gallery - Galeri
Studio - Stidyo
Museum – Mize

It was a great musical performance.
Se te yon gwo pèfòmans mizik.
Can I perform for the play on this stage?
Èske mwen ka jwe pou pyès teyat la sou sèn sa a?
She is the lead singer of the band.
Li se chantè prensipal gwoup la.
I will go to the box office tomorrow to purchase tickets for the opera.
Mwen prale nan biwo a demen pou m achte tikè pou opera a.
The orchestra needs to perform below the stage.
Òkès la dwe jwe anba sèn nan.
I like to listen to this type of music. I hope to hear a good song.
Mwen renmen tande kalite mizik sa. Mwen espere tande yon bon chante.
The common musical instruments that are used in a concert are drums, guitars, pianos, trumpets, violins, and flutes.
Enstriman mizik komen yo itilize nan yon konsè se tanbou, gita, pyano, twonpèt, vyolon ak flit.
The art gallery has a studio for rent.
Galeri atizana a gen yon estidyo pou lwe.
I went to an art museum yesterday.
Mwen te ale nan yon mize atizana yè.

FOOD - MANJE

Grocery store - Makèt/ **Market** - Mache/ **Supermarket** - Sipè Makèt
Groceries - Episri
Butcher shop - Boutik/ **Butcher** - Bouche
Bakery - Boulanje/ **Baker** - Boulanje
Breakfast – Dejene/ **Lunch** – Manje midi / **Dinner** – Dine
Meat - Vyann/ **Chicken** - Poul
Seafood – Fwidmè
Egg – Ze/ (plural) ze
Milk - Lèt/ **Butter** – Bè/ **Cheese** - Fwomaj
Bread - Pen
Flour - Farin
Oil - Lwil oliv
Baked - Kwit
Cake - Gato
Beer - Byè/ **Wine** – Diven
Cinnamon - Kanèl
Powder - Poud
Mustard - Moutad

Where is the nearest grocery store?
Ki kote makèt ki pi pre a ye?
Where can I buy meat and chicken?
Ki kote mwen ka achte vyann ak poul?
We need to buy flour, eggs, milk, butter, and oil to bake my cake.
Nou bezwen achte farin, ze, lèt, bè, ak lwil pou kwit gato mwen an.
The groceries are already in the car.
Episri yo deja nan machin nan.
We drink beer or wine during the meal.
Nou bwè byè oswa diven pandan repa a.
The rolls are covered with cinnamon.
Woulo yo kouvri ak kannèl.
The butcher shop is near the bakery.
Boutik la tou pre boulanje a.
I have to go to the market, to buy a half kilo of meat.
Fòk mwen ale nan mache, achte yon demi kilo vyann.
For lunch, we can eat seafood, and pasta for dinner.
Pou manje midi, nou ka manje fwidmè, ak espageti pou dine.
I usually eat bread with a slice of cheese for breakfast.
Anjeneral mwen manje pen ak yon tranch fwomaj pou manje maten.
I like ketchup and mustard on my hotdog.
Mwen renmen sòs tomat ak moutad sou hotdog mwen an.

Menu - Meni
Beef - Vyann bèf **/ Lamb -** Ti Mouton/ **Pork -** Vyann kochon
Steak - Stèk **/ Hamburger -** Anmbègè
Water – Dlo
Salad - Salad
Soup - Soup
Appetizer – Aperitif**/ Entrée –** Antre
Cooked - Kwit
Boiled - Bouyi**/ Fried -** Fri
Broiled - Griye
Grilled - Griye
Raw - Kri
Dessert – Desè **/ Ice cream -** Krèm glase
Coffee – Kafe**/ Tea –** Te
Olive oil – Lwil oliv
Fish – Pwason
Juice - Ji
Honey - Siwo myèl **/ Sugar -** Sik

Do you have a menu in English?
Èske w gen yon meni an anglè?
Which is preferable, the fried fish or the grilled lamb?
Kisa ki pi bon, pwason fri oswa mouton griye?
I want to order a cup of water, a soup for my appetizer, and pizza for my entrée.
Mwen vle kòmande yon tas dlo, yon soup pou aperitif mwen, ak pitza pou antre mwen.
I want to order a steak for myself, a hamburger for my son, and ice cream for my wife.
Mwen vle kòmande yon stèk pou tèt mwen, yon anmbègè pou pitit gason m ', ak krèm glase pou madanm mwen.
What type of dessert is included with my coffee?
Ki kalite desè ki enkli ak kafe mwen an?
Can I order a salad with a hard boiled egg and olive oil on the side?
Èske mwen ka kòmande yon sòs salad ak yon ze bouyi ak lwil oliv tou?
Is the piece of fish in the sushi cooked or raw?
Èske moso pwason nan sushi a kwit oswa kri?
I want to order a fruit juice instead of a soda.
Mwen vle kòmande yon ji fwi olye de yon soda.
I want to order tea with a teaspoon of honey instead of sugar.
Mwen vle kòmande te ak yon ti kiyè siwo myèl olye de sik.
The tip is 15% at this restaurant.
Tep la se 15% nan restoran sa a.

Vegetarian - Vejetaryen
Vegan – Vejetalyen
Dairy - Letye/ **Dairy products** - Pwodwi letye
Salt - Sèl/ **Pepper** - Pwav
Flavor - Gou
Spices - Epis
Nuts - Nwa
Peanuts - Pistach
Sauce - Sòs
Sandwich - Sandwich
Mayonnaise - Mayonèz
Rice - Diri / **Fries** - Frit
Soy - Soya
Jelly - Jele
Chocolate - Chokola/ **Cookie** - Bonbon/ **A candy** - Yon sirèt
Whipped cream - Krèm vide
Popsicle - Piwouli
Frozen - Jele/ **Thawed** – Deglase

I don't eat meat because I am a vegetarian.
Mwen pa manje vyann paske mwen se vejetaryen.
My brother won't eat dairy products because he is a vegan.
Frè m nan pa manje pwodwi letye paske li se yon vejetalyen.
Food tastes much better with salt, pepper, and other spices.
Manje gen pi bon gou ak sèl, pwav, ak lòt epis santi bon.
The only things I have in my freezer are popsicles.
Sèl bagay mwen genyen nan frizè mwen an se piwouli.
No chocolate, candy, or whipped cream until after dinner.
Pa gen chokola, sirèt, oswa krèm vide ke jis apre dine.
I want to try a sample of that piece of cheese.
Mwen vle eseye yon echantiyon nan moso fwomaj sa a.
I have allergies to nuts and peanuts.
Mwen alèji ak nwa ak pistach.
This sauce is delicious.
Sòs sa a gen bon gou.
Why do you always put mayonnaise on your sandwich?
Poukisa ou toujou mete mayonèz sou sandwich ou a?
The food is still frozen so we need to wait for it to thaw.
Manje a toujou nan frizè kidonk nou bezwen tann pou li dekonjle.
Please bring me a bowl of cereal and a slice of toasted bread with jelly.
Tanpri, pote yon bòl sereyal ak yon tranch pen griye ak jele pou mwen.
It's healthier to eat rice than fries.
W ap pi an sante si w manje diri olye de frit.

VEGETABLES - LEGUM

Tomato - Tomat/ **Carrot** - Kawòt/ **Lettuce** - Leti
Radish - Radi / **Beet** - Bètrav
Eggplant - Berejenn
Bell Pepper – Piman/ **Hot pepper** – Piman Pike
Celery - Seleri
Spinach - Epina
Cabbage - Chou/ **Cauliflower** - Chou
Beans – Pwa
Corn - Mayi
Garlic - Lay/ **Onion** - Zonyon
Artichoke - Aticho
Grilled vegetables – Legim griye
Steamed vegetables – Legim vapè

Grilled vegetables or steamed vegetables are popular side dishes at restaurants.
Legim griye oswa legim vapè yo se pla popilè nan restoran yo.
There are carrots, bell peppers, lettuce, and radishes in my salad.
Gen kawòt, piman, leti, ak radi nan sòs salad mwen an.
It's not hard to grow tomatoes.
Li pa difisil pou pouse tomat.
Eggplant can be cooked or fried.
Berejenn ka kwit oswa fri.
I like beets in my salad.
Mwen renmen pou gen bètrav nan salad mwen.
I don't like to eat hot peppers.
Mwen pa renmen manje piman cho.
Celery and spinach have natural vitamins.
Seleri ak epina gen vitamin natirèl.
Fried cauliflower tastes better than fried cabbage.
Chouflè fri pi bon pase chou fri.
Rice and beans are my favorite side dish.
Diri ak pwa yo se pla ke mwen pi renmen.
I like butter on corn.
Mwen renmen bè sou mayi.
Garlic is an important ingredient in many cuisines.
Lay se yon engredyen enpòtan nan anpil kuizin.
Where is the onion powder?
Ki kote poud zonyon an ye?
An artichoke is difficult to peel.
Yon Aticho difisil pou kale.

Cucumber – Konkonm
Lentils - Lantiy / **Peas** - Pwa
Green onion – Zonyon vèt
Herbs - Fèy
Basil - Basilik / **Parsley** - Pèsi / **Cilantro** - Silantro
Dill - Anèt / **Mint** - Mant
Potatoe – Pòmdetè / **Sweet Potato** - Patat
Mushroom – Chanpiyon
Asparagus - Aspèj
Seaweed – Alg
Pumpkin – Joumou / **Squash** - koujèt / **Zucchini** - Zukini
Chick peas – Chich pwa
Vegetable garden – Jaden legim

I want to order lentil soup.
Mwen vle kòmande soup lantiy.
Please put the green onion in the refrigerator.
Tanpri mete zonyon vèt la nan frijidè a.
The most common kitchen herbs are basil, cilantro, dill, parsley, and mint.
Remèd fèy kwizin ki pi komen yo se Basilik, Silantro, anè, pèsi, ak mant.
Some of the most common vegetables for tempura are sweet potatoes and mushrooms.
Gen kèk nan legim ki pi komen pou tempura yo ki se pòmdetè dous ak dyondyon.
I want to order vegetarian sushi with asparagus and cucumber along with a side of seaweed salad.
Mwen vle kòmande sushi vejetaryen ak aspèj ak konkonb ansanm ak yon sòs salad alg tou.
I enjoy eating pumpkin seeds as a snack.
Mwen renmen manje grenn joumou kòm yon ti goute.
I must water my vegetable garden.
Mwen dwe wouze jaden legim mwen an.
The potatoes in the field are ready to harvest.
Pòmdetè yo nan jaden an pare pou rekòlte.
Chickpeas are a popular ingredient in Middle Eastern food.
Chich se yon engredyan popilè nan manje Mwayen Oryan.
Is there Zucchini in the soup?
Èske gen Zoukini nan soup la?
I like to put ginger dressing on my salad.
Mwen renmen mete jenjanm sou sòs salad mwen an.
The tomatoes are fresh but the cucumbers are rotten.
Tomat yo fre men konkonm yo pouri.

FRUIT - FWI

Apple - Pòm / **Banana** - Bannann
Orange - Zoranj / **Grapefruit** - Chadèk
Peach - Pèch
Tropical fruit - Fwi twopikal
Papaya - Papay / **Coconut** - Kokoye
Cherry - Seriz
Raisins - Rezen chèch / **Prune** - Prinn
Dates - Dat / **Fig** - Fig
Fruit salad - Sòs salad fwi / **Dried fruit** - Fwi sèk
Apricot - Abriko
Pear - Pwa
Avocado - Zaboka
Ripe - Mi

Can I add raisins to the apple pie?
Èske mwen ka ajoute rezen chèch nan tat pòm lan?
Orange juice is a wonderful source of Vitamin C.
Ji zoranj se yon bon sous Vitamin C.
Grapefruits are extremely beneficial for your health.
Chadèk yo trè benefik pou sante ou.
I have a peach tree in my front yard
Mwen gen yon pye pèch nan lakou devan mwen
I bought papayas and coconuts at the supermarket to prepare a fruit salad.
Mwen te achte papay ak kokoye nan makèt la pou m prepare yon sòs salad fwi.
I want to travel to Japan to see the famous cherry blossom.
Mwen vle vwayaje nan Japon pou wè seriz popilè yo.
Bananas are tropical fruits.
Bannann yo se fwi twopikal.
I want to mix dates and figs in my fruit salad.
Mwen vle melanje dat ak fig nan sòs salad fwi mwen an.
Apricots and prunes are my favorite dried fruits.
Abriko ak prinn yo se fwi sèk mwen pi renmen.
Pears are delicious.
Pwa yo genbon gou.
The avocado isn't ripe yet.
Zaboka a poko mi.
The green apple is very sour.
Pòm vèt la trè tounen.
The unripe peach is usually bitter.
Pèch ki pa mi gen gou anmè.

Fruit tree - Pye bwa fwi
Citrus - Sitris
Lemon - Sitwon
Lime – Sitron vèt
Pineapple - Anana
Melon - Melon
Watermelon - Melon dlo
Strawberry - Frèz
Berry - Bè
Blueberry - Mitil
Raspberry - Franbwaz
Grapes - Rezen
Pomegranate - Grenad
Plum - Prinn
Olive - Oliv
Grove - vèje

Strawberries grow during the Spring.
Frèz grandi pandan sezon prentan an.
How much does the watermelon juice cost?
Konbyen ji melon vann?
I have a pineapple plant in a pot.
Mwen gen yon plant anana nan yon po.
Melons grow on the ground.
Melon grandi na tè a.
I am going to the fruit-tree section of the nursery today to purchase a few citrus trees.
Mwen pral nan seksyon pye bwa fwi nan pepinyè a jodi a pou m achte kèk pye bwa sitris.
There are many raspberries growing on the bush.
Gen anpil franbwaz k ap grandi sou ti touf bwa a.
Blueberry juice is very sweet.
Ji Mitil trè dous.
I need to pick the grapes to make the wine.
Mwen sipoze ranmase rezen pou fè diven an.
Pomegranate juice contains a very high level of antioxidants.
Ji grenad gen yon nivo trè wo nan antioksidan.
Plums are seasonal fruits.
Prinn yo se fwi sezon an.
I add either lemon juice or lime juice to my salad.
Mwen ajoute swa ji sitwon oswa ji sitwon vèt nan sòs salad mwen an.
I have an olive grove in my backyard.
Mwen gen yon pye oliv nan lakou mwen an.

SHOPPING - ANBAKMAN

Clothes - Rad
Clothing store - Magazen rad
For sale – Pou vann
Hat - Chapo
Shirt - Chemiz
Shoes - Soulye
Skirt - Jip/ **Dress** - Wòb
Pants - Pantalon / **Shorts** - Bout pantalon
Suit - Kostim/ **Vest** - Vès / **Tie** - Kravat
Uniform - Inifòm
Belt - Sentiwon
Socks - Chosèt
Gloves - Gan
Glasses - Linèt/ **Sunglasses** - Linèt solèy
Size - Gwosè
Small - Ti/ **Medium** - Mwayen/ **Large** - Gwo
Thick - Epè/ **Thin** - Mens
Thrift store - Magazen ékonomik

There are a lot of clothes for sale today.
Gen anpil rad pou vann jodi a.
Does this hat look good?
Èske chapo sa a bon?
I am happy with this shirt and these shoes.
Mwen kontan ak chemiz sa a ak soulye sa yo.
She prefers a skirt instead of a dress.
Li prefere yon jip olye de yon wòb.
These pants aren't my size.
Pantalon sa yo pa gwosè mwen.
Where can I find a thrift store? I want to buy a suit, a vest, and a tie.
Ki kote mwen ka jwenn yon magazen ekonomi? Mwen vle achte yon kostim, yon vès, ak yon kravat.
There are uniforms for school at the clothing store.
Gen inifòm pou lekòl nan magazen rad la.
I forgot my socks, belt, and shorts at your house.
Mwen bliye chosèt mwen, sentiwon, ak bout pantalon mwen yo lakay ou.
These gloves are a size too small. Do you have a medium size?
Gan sa yo twò piti. Ou gen yon gwosè mwayen?
Today I don't need my reading glasses. However, I have my sunglasses.
Jodi a mwen pa bezwen linèt lekti mwen yo. Sepandan, mwen gen linèt solèy mwen yo.

Jacket - Jakèt
Scarf - Echap
Mittens - Gan
Sleeve - Manch
Boots (rain, winter) - Bòt
Sweater - Chanday
Bathing suit - Kostim de ben
Flip flops - Boyo
Tank top – Ti mayo san manch
Sandals - Sapat
Heels - Talon
On sale - Rabè
Expensive - Chè
Free - Gratis/ **Discount -** Rabè/ **Cheap -** Bon mache
Shopping - Acha
Mall – Sant Komèsyal

We are going to the mountain today so don't forget your jacket, mittens, and scarf.
Nou pral sou mòn lan jodi a donk pa bliye jakèt ou, gan ou ak echap ou.
I have long sleeve shirts and short sleeve shirts.
Mwen gen chemiz manch long ak chemiz manch kout.
Boots and sweaters are meant for winter.
Bòt ak chanday yo fèt pou sezon fredi.
At the beach, I wear a bathing suit and flip flops.
Nan plaj la, mwen mete yon kostim de ben ak boyo.
I want to buy a tank top for summer.
Mwen vle achte yon ti mayo san manch pou ete a.
I can't wear heels on the beach, only sandals.
Mwen pa ka mete talon sou plaj la, sèlman sapat.
What will be on sale tomorrow?
Kisa ki ap nan rabè demen?
This is free.
Sa a gratis.
Even though this cologne and this perfume are discounted, they are still very expensive.
Menm si pafen sa yo nan rabè, yo toujou chè anpil.
These items are very cheap.
Atik sa yo trè bon mache.
I can go shopping only on weekends.
Mwen ka al achte sèlman nan wikenn.
Is the local mall far?
Èske sant komèsyal lokal la lwen?

Store - Magazen
Business hours - Orè biznis
Open - Louvri
Closed - Fèmen
Entrance - Antre/ **Exit** - Sòti
Shopping cart - charyo / **Shopping basket** - Panye makèt
Shopping bag – Sachè acha
Toy store - Magazen jwèt / **Toy** - Jwèt
Book store - Magazen liv
Music store - Magazen mizik
Jeweler - Bijoutye / **Jewelry** - Bijou
Gold - Lò/ **Silver** - Ajan
Necklace - Kolye/ **Bracelet** - Braslè/ **Diamond** - Dyaman
Gift - Kado
Coin - Pyès monnen
Antique - Antik
Dealer - Konsesyonè / machann

What are your (plural) **business hours?**
Ki lè biznis ou (pliryèl)?
What time does the store open?
Ki lè magazen an ouvri?
What times does the store close?
Ki lè magazen an fèmen?
Where is the entrance?
Kote antre a?
Where is the exit?
Kote sòti a?
My children want to go to the toy store so they can fill up the shopping cart with toys.
Pitit mwen yo vle ale nan magazen jwèt la pou yo ka ranpli charyo a ak jwèt.
I use a large shopping basket at the supermarket.
Mwen sèvi ak yon panye makèt nan makèt la.
There is a sale at the bookstore right now.
Gen yon rabè nan libreri a kounye a.
The jeweler sells gold and silver.
Bijoutye a vann lò ak ajan.
I want to buy a diamond necklace.
Mwen vle achte yon kolye dyaman.
This bracelet and those pair of earrings are gifts for my daughter.
Braslè sa a ak pè zanno sa yo se kado pou pitit fi mwen an.
He is an antique coin dealer.
Li se yon machann pyès monnen antik.

FAMILY - FANMI

Mother - Manman
Father - Papa
Son – Pitit gason/ **Daughter -** Pitit fi
Brother - Frè
Sister - Sè
Husband - Mari
Wife - Madanm
Parent - Paran/ **Parents** (pliryèl) - Paran
Child - Timoun
Baby - Ti bebe
Grandfather - Granpapa
Grandmother - Grann
Grandparents - Granparan
Grandson - Pitit pitit
Granddaughter - Pitit fi
Grandchildren - Pitit pitit
Nephew - Neve/ **Niece -** Nyès
Cousin - Kouzen

I have a big family.
Mwen gen yon gwo fanmi.
My brother and sister are here.
Frè m ak sè m isit la.
The mother and father want to spend time with their child.
Manman ak papa a vle pase tan ak pitit yo.
He wants to bring his son and daughter to the public park.
Li vle mennen pitit gason l ak pitit fi l nan pak piblik la.
The grandfather wants to take his grandson to the movie.
Granpapa a vle mennen pitit pitit li nan sinema.
The grandmother wants to give her granddaughter money.
Grann nan vle bay pitit fi li lajan.
The grandparents want to spend time with their grandchildren.
Granparan yo vle pase tan ak pitit pitit yo.
The husband and wife have a new baby.
Mari ak madanm nan gen yon nouvo tibebe.
I want to go to the park with my niece and nephew.
Mwen vle ale nan pak la ak nyès mwen ak neve mwen.
My cousin wants to see his children.
Kouzin mwen an vle wè pitit li yo.
That man is a good parent.
Nonm sa a se yon bon paran.

Aunt - Matant/ **Uncle** - Tonton
Man - Nonm / **Woman** - Fanm
Stepfather - Bòpè/ **Stepmother** - Bèlmè
Stepbrother - Bèl-frè/ **Stepsister** - Demi-sè
Stepson - Bofis / **Stepdaughter** - Bèlfi
In laws – Fanmi bò kot mari/madanm
Ancestors - Zansèt
Family tree – Pye bwa jeneyalojik
Generation - Jenerasyon
First born - Premye pitit/ **Only child** - Sèl pitit
Relative - Fanmi/ **Family member** - Manm fanmi
Twins – Marasa/jimo
Pregnant - Ansent
Adopted child – Pitit adoptif / **Orphan** - Òfelen
Adult - Granmoun
Neighbor - Vwazen/ **Friend** - Zanmi
Roommate – vwazen chanm

My aunt and uncle came here for a visit.
Matant mwen ak tonton mwen te vin isit la pou yon vizit.
He is their only child.
Li se sèl pitit yo.
My wife is pregnant with twins.
Madanm mwen ansent ak marasa.
He is their eldest son.
Li se pi gran pitit gason yo.
The first-born child usually takes on all the responsibilities.
Anjeneral, premye pitit la pran tout responsablite yo.
I was able to find all my relatives and ancestors on my family tree.
Mwen te kapab jwenn tout fanmi mwen ak zansèt mwen yo sou pyebwa jeneyalojik mwen.
My parents' generation loved disco music.
Jenerasyon paran mwen yo te renmen mizik disko.
Their adopted child was an orphan.
Pitit adopte yo te yon òfelen.
I like my in-laws.
Mwen renmen fanmi bò kot madanm/mari mwen yo.
I have a nice neighbor.
Mwen gen yon bon vwazen.
She considers her stepson as her real son.
Li konsidere bofis li kòm vrè pitit gason li.
She is his stepdaughter.
Li se bèlfi li.

HUMAN BODY - KÒ MOUN

Head - Tèt
Face - Figi
Eye - Je / **(p)** je, **Ear** - Zòrèy/ **(p)** zòrèy
Nose - Nen
Mouth - Bouch/ **Lips** - Lèv, bouch
Tongue - Lang
Cheek - Jou
Chin - Manton
Neck - Kou / **Throat** - Gòj
Forehead - Fwon
Eyebrow - Sousi/ **Eyelashes** – Plim je
Hair - Cheve/ **Beard** - Bab/ **Mustache** - Moustach
Tooth - Dan/ **(p)** dan

My chin, cheeks, mouth, lips, and eyes are all part of my face.
Manton mwen, machwè, bouch mwen, ak je mwen tout fè pati figi mwen.
He has small ears.
Li gen ti zòrèy.
I have a cold so therefore my nose, eyes, mouth, and tongue are affected.
Mwen gripe, kidonk nen mwen, je, bouch mwen ak lang mwen afekte.
The five senses are sight, touch, taste, smell, and hearing.
Senk sans yo se wè, manyen, gou, sant, ak tande.
I am washing my face right now.
M ap lave figi m kounye a.
I have a headache
Mwen gen tèt fè mal
My eyebrows are too long.
Sousi mwen yo twò long.
He must shave his beard and mustache.
Li dwe kale bab li ak moustach li.
I brush my teeth every morning.
Mwen bwose dan mwen chak maten.
She puts makeup on her cheeks and a lot of lipstick on her lips.
Li mete makiyaj sou machwè li ak anpil fa sou bouch li.
Her hair covered her forehead.
Cheve li kouvri fwon li.
She has a long neck.
Kou li long.
I have a sore throat.
Mwen gen yon gòj fè mal.

Shoulder - Zepòl
Chest - Pwatrin
Arm - Bra
Back - Do
Hand - Men/ **Palm** (of hand) – Pla men
Elbow - Koud/ **Wrist** - Ponyèt
Finger - Dwèt / **Thumb** - Pous
Belly - Vant/ **Stomach** - Lestomak/ **Intestines** - Entesten
Brain - Sèvo/ **Heart** - Kè/ **Kidneys** - Ren/ **Lungs** - Poumon/ **Liver** - Fwa
Leg - Janm/ **Ankle** - Cheviy/ **Foot** - Pye/ **Palm** (of foot) – Pla pye
Toe - Zòtèy / **Nail** - Zong
Joint - Jwenti / **Muscle** - Misk
Spine - Kolòn vètebral / **Skeleton** - Skelèt / **Bone** - Zo
Ribs – Zo kòt/ **Skull** - Zo bwa tèt
Skin - Po
Vein - Venn

He has a problem with his stomach.
Li gen yon pwoblèm ak vant li.
The brain, heart, kidneys, lungs, and liver are internal organs.
Sèvo, kè, ren, poumon, ak fwa se ògàn entèn yo.
His chest and shoulders are very muscular.
Pwatrin li ak zepòl li yo miskle anpil.
I need to strengthen my arms and legs.
Mwen bezwen ranfòse bra mwen ak janm mwen.
I accidentally hit his wrist with my elbow.
Mwen aksidantèlman frape ponyèt li ak koud mwen.
I have pain in every part of my body especially in my hand, ankle, and back.
Mwen gen doulè nan chak pati nan kò mwen espesyalman nan men mwen, cheviy, ak do mwen.
I want to cut my nails.
Mwen vle koupe zong mwen.
I need a new bandage for my thumb.
Mwen bezwen yon nouvo pansman pou gwo pous mwen.
I have a cast on my foot because of a broken bone.
Mwen gen yon kas nan pye mwen paske yon zo kase.
I have muscles and joint pain today.
Mwen gen doulè nan misk ak jwenti jodi a.
The spine is the main part of the body.
Kolòn vètebral la se pati prensipal nan kò a.
I have beautiful skin.
Mwen gen bèl po.

HEALTH AND MEDICAL - SANTE AK MEDIKAL

Disease - Maladi
Bacteria - Bakteri
Sick - Malad
Clinic - Klinik
Headache - Maltèt/ **Earache** – Zòrèy fè mal.
Pharmacy - Famasi/ **Prescription** - Preskripsyon
Symptoms - Sentòm
Nausea - Kè plen / **Stomachache** - Lestomak
Allergy - Alèji
Penicillin - Penisilin/ **Antibiotic** - Antibyotik
Sore throat - Gòj fè mal/ **Fever** - Lafyèv/ **Flu** - Grip
Cough - Tous/ **To cough** - Touse
Infection - Enfeksyon/ **Injury** - Blesi/ **Scar** – Mak/sikatris
Ache / pain - Doulè
Intensive care - Swen entansif
Bandage - Pansman

Are you in good health?
Èske w an sante?
These bacteria caused this disease.
Bakteri sa yo te lakòz maladi sa a.
He is very sick.
Li malad anpil.
I have a headache so I must go to the pharmacy to refill my prescription.
Mwen gen yon tèt fè mal kidonk mwen dwe ale nan famasi pou mwen renouvle preskripsyon mwen an.
The main symptoms of food poisoning are nausea and stomach ache.
Sentòm prensipal yo nan anpwazònman manje yo se kè plen ak vant fè mal.
I have an allergy to penicillin, so I need another antibiotic.
Mwen gen yon alèji ak penisilin, kidonk mwen bezwen yon lòt antibyotik.
What do I need to treat an earache?
Kisa mwen bezwen pou trete yon zòrèy fè mal?
I need to go to the clinic for my fever and sore throat.
Mwen bezwen ale nan klinik la pou lafyèv mwen ak gòj fè mal.
The bandage won't help your infection.
Pansman an pa pral ede enfeksyon ou.
I have a serious injury so I must go to intensive care.
Mwen gen yon blesi grav kidonk mwen dwe ale nan swen entansif.
I have muscle and joint pains today.
Mwen gen doulè nan misk ak jwenti jodi a.

Hospital - Lopital
Doctor - Doktè/ **Nurse** - Enfimyè
Family Doctor - Doktè Fanmi / **Pediatrician** - Pedyat
Medication - Medikaman/ **Pills** - Grenn
Heartburn – Mal estoma
Paramedic - Anbilans/ **Emergency room** - Sal ijans
Health insurance - Asirans sante / **Patient** - Pasyan
Surgery - Operasyon/ **Surgeon** - Chirijyen/ **Face mask** - Mask figi
Anesthesia - Anestezi
Local anesthesia - Anestezi lokal / **General anesthesia** - Anestezi jeneral
Wheelchair - Chèz woulant / **Cane** - Kann
Walker - Machè / **Stretcher** - Etirè
Dialysis - Dyaliz/ **Insulin** - Ensilin/ **Diabetes** - Dyabèt
Temperature - Tanperati/ **Thermometer** - Tèmomèt
A shot - Yon piki / **Needle** - Zegwi/ **Syringe** - Sereng
In need of - Nan bezwen

Where is the closest hospital?
Ki kote lopital ki pi pre a ye?
Usually we see the nurse before the doctor.
Anjeneral nou wè enfimyè a anvan doktè a.
The paramedics can take her to the emergency room but she doesn't have health insurance.
Anbilansye yo ka mennen l nan sal dijans men li pa gen asirans sante.
The doctor treated the patient.
Doktè a te trete pasyan an.
He needs knee surgery today.
Li bezwen operasyon jenou jodi a.
The surgeon needs to administer general anesthesia in order to operate on the patient.
Chirijyen an bezwen administre anestezi jeneral pou li ka opere pasyan an.
Does the patient need a wheelchair or a stretcher?
Èske pasyan an bezwen yon chèz woulant oswa yon kabann?
I have to take medicine every day.
Mwen dwe pran medikaman chak jou.
Do you have any pills for heartburn?
Èske ou gen nenpòt grenn pou estoma fè mal?
Where is the closest dialysis center?
Ki kote sant dyaliz ki pi pre a ye?
The doctor didn't prescribe insulin for my diabetes.
Doktè a pa t preskri ensilin pou dyabèt mwen an.
I need a thermometer to take my temperature.
Mwen bezwen yon tèmomèt pou mwen pran tanperati mwen.

Stroke - Konjesyon serebral
Blood - San/ **Blood pressure** - Tansyon
Heart attack - Atak kè
Cancer - Kansè/ **Chemotherapy** - Chimyoterapi
Help - Èd
Germs - Jèm
Virus - Viris
Vaccine - Vaksen/ **A cure** - Yon gerizon/ **To cure** - Pou geri
Cholesterol - Kolestewòl/ **Nutrition** - Nitrisyon/ **Diet** - Rejim
Blind - Avèg/ **Deaf** - Soud/ **Mute** - Bèbè
Young - Jèn/ **Elderly** - Granmoun
Fat - Gwo/ **Skinny** (person) - Mens
Nursing home - Mezon retrèt
Disability, handicap - Andikap/ **Paralysis** - Paralizi
Depression - Depresyon/ **Anxiety** - Anksyete
Dentist - Dantis
X-ray - Radyografi
Tooth cavity - Kavite dan
Tooth paste – Pat dantifris / **Tooth brush** - Bwòs dan

A stroke is caused by a lack of blood flow to the brain.
Konjesyon serebral se a koz yon mank de sikilasyon san nan sèvo a.
These are the symptoms of a heart attack.
Sa yo se sentòm yon atak kè.
Chemotherapy is for treating cancer.
Chimyoterapi se pou trete kansè.
Proper nutrition is very important and you must avoid foods that are high in cholesterol.
Bon nitrisyon enpòtan anpil e ou dwe evite manje ki gen anpil kolestewòl.
I am starting my diet today.
Mwen kòmanse rejim mwen jodi a.
There is no cure for this virus, only a vaccine.
Pa gen gerizon pou viris sa a, se sèlman yon vaksen.
The nursing home is open 365 days a year.
Mezon retrèt la louvri 365 jou pa ane.
I don't like suffering from depression and anxiety.
Mwen pa renmen soufri depresyon ak enkyetid.
Soap and water kill germs.
Savon ak dlo touye mikwòb.
The dentist took X-rays of my teeth to check for cavities.
Dantis la te pran radyografi dan mwen pou tcheke si gen kavite.
In the morning I put tooth paste on my toothrbush.
Nan maten mwen mete pat dantifris sou bwòs dan mwen an.

EMERGENCY & DISASTERS - IJANS AK DEZAS

Help - Èd
Fire - Ponpye
Ambulance - Anbilans
First aid - Premye swen
CPR - CPR
Emergency number - Nimewo ijans
Accident - Aksidan/ **Car crash -** Aksidan machin
Death - Lanmò/ **Deadly -** Mòtèl/ **Fatality -** Fatalite
Lightly wounded - Lejèman blese
Moderately wounded - blese mwayen
Seriously wounded - Blese seryezman
Fire truck - Kamyon ponpye/ **Siren -** Sirèn
Fire extinguisher - Aparèy pou etenn dife
Police - Lapolis/ **Police station -** Estasyon lapolis
Robbery - Vòl / **Thief -** Vòlè/ **Murderer -** Asasen

There is a fire. I need to call for help.
Gen yon dife. Mwen bezwen rele pou m mande èd.
I need to call an ambulance.
Mwen bezwen rele yon anbilans.
That accident was bad.
Aksidan sa a te move.
The thief wants to steal my money.
Vòlè a vle vòlè kòb mwen.
The car crash was fatal, there were two deaths, and four suffered serious injuries. Aksidan machin lan te mòtèl, te gen de moun ki mouri, epi kat te blese grav.
One was moderately wounded and two were lightly wounded.
Youn te blese modere e de te blese lejèman.
CPR is a first step of first-aid.
CPR se yon premye etap premye swen.
Please provide me with the emergency number.
Tanpri ban mwen nimewo ijans lan.
The police are on their way.
Polisye yo nan wout.
I must call the police station to report a robbery.
Mwen dwe rele komisarya a pou mwen rapòte yon vòl.
The siren of the fire truck is very loud.
Sirèn nan kamyon ponpye a byen fò.
Where is the fire extinguisher?
Ki kote aparèy pou etenn dife a ye?

Fire hydrant - Idrant dife
Fireman - Ponpye
Emergency situation - Sitiyasyon ijans
Explosion - Eksplozyon
Rescue - Sekou
Natural disaster - Dezas natirèl
Destruction - Destriksyon
Damage - Domaj
Hurricane - Siklòn / **Tornado** - Toubiyon
Flood - Inondasyon / **Overflow** (water) - Debòde
Storm - Tanpèt
Snowstorm - Tanpèt nèj
Hail - Lagrèl
Bomb shelter - Abri bonm
Refuge - Refij
Cause - Kòz
Safety - Sekirite
Drought - Sechrès / **Famine** - Grangou
Poverty - Povrete
Epidemic - Epidemi / **Pandemic** - Pandemi

It's prohibited to park by the fire hydrant in case of a fire.
Li entèdi pou pakin bò idrant dife a nan ka ta gen yon dife.
When there is a fire, the first to arrive on scene are the firemen.
Lè gen yon dife, premye moun ki rive sou sèn se ponpye yo.
There is a fire. I must call for help.
Gen yon dife. Mwen dwe rele pou èd.
In an emergency situation everyone needs to be rescued.
Nan yon sitiyasyon ijans, tout moun bezwen sove.
The gas explosion led to a natural disaster.
Eksplozyon gaz la te mennen nan yon dezas natirèl.
During a siren you need to run to the bomb shelter.
Pandan yon sirèn ou bezwen kouri ale nan abri bonm lan.
The hurricane caused a lot of damage and destruction in its path.
Siklòn nan te lakòz anpil dega ak destriksyon sou wout li.
The tornado destroyed the town.
Toubiyon an te detwi vil la.
The drought led to famine and a lot of poverty.
Sechrès la te mennen nan grangou ak anpil povrete.
There were three days of flooding following the storm.
Te gen twa jou inondasyon apre tanpèt la.
This is a snowstorm and not a hail storm.
Sa a se yon tanpèt nèj epi li pa yon tanpèt lagrèl.

Danger - Danje
Dangerous - Danjere
A warning - Yon avètisman
Warning! - Avètisman
Earthquake - Tranbleman tè
Disaster - Dezas
Disaster area - Zòn dezas
Mandatory - Obligatwa
Evacuation - Evakyasyon
Safe place - Kote ki an sekirite
Blackout - Blakawout
Rainstorm - Tanpèt lapli
Avalanche - Lavalas
Heatwave - Vag chalè
Rip current - Kouran
Tsunami - Tsunami
Whirlpool - Toubiyon
Lightning - Zeklè
Thunder - Loraj

We need to stay in a safe place during the earthquake.
Nou bezwen rete nan yon kote ki an sekirite pandan tranbleman tè a.
Heatwaves are usually in the summer.
Vag chalè yo anjeneral nan sezon lete an.
This is a disaster area, therefore there is a mandatory evacuation order.
Sa a se yon zòn dezas, kidonk gen yon lòd evakyasyon obligatwa.
There was a blackout for three hours due to the rainstorm.
Te gen yon blakawout pou twa èdtan akòz tanpèt lapli a.
Be careful during the snowstorm, because there might be an avalanche.
Fè atansyon pandan tanpèt nèj la, paske ta ka gen yon vag nèj.
There is a tsunami warning today.
Gen yon avètisman sou tsunami jodi a.
You can't swim against a rip current.
Ou pa ka naje kont yon kouran altènatif.
There is a dangerous whirlpool in the ocean.
Gen yon toubiyon danjere nan oseyan an.
There is a risk of lightning today.
Gen yon risk pou zèklè jodi a.

HOME - LAKAY

Living room - Salon
Couch - Kanape
Sofa - Sofa
Door - Pòt
Closet - Pandri
Stairway - Eskalye
Rug - Tapi
Curtain - Rido
Window - Fenèt
Shelve - Etajè
Floor - Etaj
Floor (as in level) - Etaj
Fireplace - Chemine
Chimney - Chemine
Candle - Chandèl
Laundry detergent - Detèjan lesiv

The living room is missing a couch and a sofa.
Salon an manke yon kanape ak yon sofa.
I must buy a new door for my closet.
Mwen dwe achte yon nouvo pòt pou klozèt mwen an.
The spiral staircase is beautiful.
Eskalye espiral la bèl.
There aren't any curtains on the windows.
Pa gen okenn rido sou fenèt yo.
I have a marble floor on the first floor and a wooden floor on the second floor.
Mwen gen yon pakè mab nan premye etaj la ak yon pakè an bwa nan dezyèm etaj la.
I can only light this candle now.
Mwen ka sèlman limen chandèl sa a kounye a.
The fire sparkles in the fireplace.
Limyè ap briye nan chemine a.
I can clean the floors today and then I want to arrange the closet.
Mwen ka netwaye planche yo jodi a e answit mwen vle fè aranjman nan pandri a.
I have to wash the rug with laundry detergent.
Mwen oblije lave tapi a ak detèjan pou lesiv.
The glasses on the shelve are used for champagne, not wine.
Vè ki sou etajè yo se pou chanpay, se pa pou diven.

Silverware - Ajan
Knife - Kouto
Spoon - Kiyè
Fork - Fouchèt
Teaspoon - Ti kiyè
Kitchen - Kwizin
A cup /mug - Tas
Plate - Asyèt
Bowl - Bòl
Little bowl - Ti bòl
Napkin - Sèvyèt
Table - Tab
Placemat - Tapis
Table cloth - Twal tab
Glass (material) **-** Vè
A glass (cup) **-** Yon vè
Shelve - Etajè
Oven - Fou
Stove - Recho
Pot (cooking) **-** Chodye
Pan - Chodyè
Cabinet - Kabinè
Drawer - Tiwa

The knives, spoons, teaspoons, and forks are inside the drawer in the kitchen.
Kouto yo, kiyè, ti kiyè, ak fouchèt yo andedan tiwa a nan kwizin nan.
There aren't enough cups, plates, and silverware on the table for everyone.
Pa gen ase tas, asyèt, ak ganiti sou tab la pou tout moun.
The napkin is underneath the bowl.
Sèvyèt la anba bòl la.
The placemats are on the table.
Tapis yo sou tab la.
The table cloth is beautiful.
Nap tab la bèl.
The pizza is in the oven.
Pitza a nan fou a.
The pots and pans are in the cabinet.
Chodyè yo nan kabinè a.
The stove isn't functioning.
Recho a pa fonksyone.

Bedroom - Chanm
Bed - Kabann
Mattress - Matla
Blanket - Dra
Bed sheet - Dra kabann
Pillow - Zòrye
Mirror - Glas
Chair - Prezidan
Dinning room - Sal manje
Hallway - Koulwa
Downstairs - Anba
Towel - Sèvyèt
Bathroom - Twalèt
Bathtub - Basen
Shower - Douch
Sink - Lavabo
Faucet - Tiyo
Soap - Savon
Bag - Valiz
Box - Bwat
Key - Kle

The master bedroom is at the end of the hallway, and the dining room is downstairs.
Chanm prensipal la se nan fen koulwa a, e sal manje a anba.
The mirror looks good in the bedroom.
Miwa a bèl nan chanm lan.
I have to buy a new bed and a new mattress.
Mwen oblije achte yon nouvo kabann ak yon nouvo matla.
Where are the blankets and bed sheets?
Kote kouvèti yo ak dra kabann yo?
My pillows are on the chair.
Zòrye mwen yo sou chèz la.
These towels are for drying your hand.
Sèvyèt sa yo se pou siye men ou.
The bathtub, shower, and the sink are old.
Basen, douch, ak lavabo yo fin vye granmoun.
I need soap to wash my hands.
Mwen bezwen savon pou m lave men m.
The guest bathroom is in the corner of the hallway.
Twalèt envite a se nan kwen an nan koulwa a.
How many boxes does he have?
Konbyen bwat li genyen?

Room - Sal
Balcony - Balkon
Roof - Do-kay
Ceiling - Plafon
Wall - Mi
Carpet - Tapi
Attic - Grenye
Basement - Sousòl
Trash - Fatra
Garbage can - Poubèl
Driveway - Antre kay
Garden - Jaden
Backyard - Lakou
Jar - Bokal
Jar - Krich
Doormat - Tapi
Pantry - Gadmanje

I can install new windows for my balcony.
Mwen ka enstale nouvo fenèt pou balkon mwen an.
I must install a new roof.
Mwen dwe enstale yon nouvo do kay.
The color of my ceiling is white.
Koulè plafon mwen an se blan.
I must paint the walls.
Mwen dwe pentire mi yo.
The attic is an extra room in the house.
Grenye a se yon chanm siplemantè nan kay la.
The kids are playing either in the basement or the backyard.
Timoun yo ap jwe swa nan sousòl la oswa nan lakou a.
All the glass jars are outside on the doormat.
Tout krich an vè yo deyò a sou tapi a.
The garbage can is blocking the driveway.
Poubèl la ap bloke antre kay la.
I want to put my things in the plastic bag.
Mwen vle mete bagay mwen yo nan sache plastik la.
I need to bring my keys.
Mwen bezwen pote kle mwen yo.
There is canned food in the pantry.
Gen manje nan bwat nan gadmanje a.
Where are the toothpicks?
Ki kote ki dan yo ye?

Conclusion

You have now learned a wide range of sentences in relation to a variety of topics such as the home and garden. You can discuss the roof and ceiling of a house, plus natural disasters like hurricanes and thunderstorms.

The combination of sentences can also work well when caught in a natural disaster and having to deal with emergency issues. When the electricity gets cut you can tell your family or friends, "I can only light this candle now." As you're running out of the house, remind yourself of the essentials by saying, "I need to bring my keys with me."

If you need to go to a hospital, you have now been provided with sentences and the vocabulary for talking to doctors and nurses and dealing with surgery and health issues. Most importantly, you can ask, "What is the emergency number in this country?" When you get to the hospital, tell the health services, "The hurricane caused a lot of destruction and damage in its path," and "We used the hurricane shelter for refuge."

The three hundred and fifty words that you learned in part 1 should have been a big help to you with these new themes. When learning the Creole language, you are now more able to engage with people in Creole, which should make your travels flow a lot easier.

Part 3 will introduce you to additional topics that will be invaluable to your journeys. You will learn vocabulary in relation to politics, the military, and the family. The three books in this series all together provide a flawless system of learning the Creole language. When you visit Haiti, you will now have the capacity for greater conversational learning.

When you proceed to Part 3 you will be able to expand your vocabulary and conversational skills even further. Your range of topics will expand to the office environment, business negotiations and even school.

Please, feel free to post a review in order to share your experience or suggest feedback as to how this method can be improved.

Conversational Haitian Creole Quick and Easy
The Most Innovative Technique to Learn the Haitian Creole Language

Part III

YATIR NITZANY

Introduction to the Program

You have now reached Part 3 of Conversational Haitian Creole Quick and Easy. In Part 1 you learned the 350 words that could be used in an infinite number of combinations. In Part 2 you moved on to putting these words into sentences. You learned how to ask for help when your house was hit by a hurricane and how to find the emergency services. For example, if you need to go to a hospital, you have now been provided with sentences and the vocabulary for talking to doctors and nurses and dealing with surgery and health issues. When you get to the hospital, you can tell the health services, "The hurricane caused a lot of destruction and damage in its path," and "We used the hurricane shelter for refuge."

In this third book in the series, you will find the culmination of this foreign language course that is based on a system using key phrases used in day-to-day life. You can now move on to further topics such as things you would say in an office. You may be about to sit at your desk to do an important task assigned to you by your boss but you have forgotten the details you were given. Turn to your colleagues and say, "I have to write an important email but I forgot my password." Then, if the reply is "Our secretary isn't here today. Only the receptionist is here but she is in the bathroom," you'll know what is being said and you can wait for help. By the end of the first few weeks, you'll have at your disposal terminology that can help reflect your experiences. "I want to retire already," you may find yourself saying at coffee break on a Monday morning after having had to go to your bank manager and say, "I need a small loan in order to pay my mortgage this month."

I came up with the idea of this unique system of learning foreign languages as I was struggling with my own attempt to learn languages. When playing around with word combinations I discovered 350 words that when used together could make up an infinite number of sentences. From this beginning, I was able to start speaking in a new language. I then practiced and found that

I could use the same technique with other languages, such as Spanish, French, Italian and Arabic. It was a revelation.

This method is by far the easiest and quickest way to master other languages and begin practicing conversational language skills.

The range of topics and the core vocabulary are the main components of this flawless learning method. In Part 3 you have a chance to learn how to relate to people in many more ways. Sports, for example, are very important for keeping healthy and in good spirits. The social component of these types of activities should not be underestimated at all. You will, therefore, have much help when you meet some new people, perhaps in a bar, and want to say to them, "I like to watch basketball games," and "Today are the finals of the Olympic Games. Let's see who wins the World Cup."

For sports, the office, and for school, some parts of conversation are essential. What happens when you need to get to work but don't have any clean clothes to wear because of malfunctions with the machinery. What you need is to be able to pick up the phone and ask a professional or a friend, "My washing machine and dryer are broken so maybe I can wash my laundry at the public laundromat." When you finally head out after work for some drinks and meet a nice new man, you can say, "You can leave me a voicemail or send me a text message."

Hopefully, these examples help show you how reading all three parts of this series in combination will prepare you for all you need in order to boost your conversational learning skills and engage with others in your newly learned language. The first two books have been an important start. This third book adds additional vocabulary and will provide the comprehensive knowledge required.

OFFICE - BIROUL

Boss - Bòs
Employee(s) - Anplwaye
Staff - Ekip
Meeting - Reyinyon
Conference room - Sal konferans
Secretary - Sekretè/ **Receptionist** - Resepsyonis
Schedule - Orè
Calendar - Kalandriye
Supplies - Pwodwi
Pencil - Kreyon/ **Pen** - Plim/ **Ink** - Lank/ **Eraser** - Gòm
Desk - Biwo/ **Cubicle** - Kabin/ **Chair** - Prezidan
Office furniture - Mèb biwo
Business card - Kat biznis
Lunch break - Poz dejene
Days off - Jou konje
Briefcase - Valiz
Bathroom - Twalèt

My boss asked me to hand in the paperwork.
Bòs mwen mande m pou m remèt dokiman yo.
Our secretary isn't here today. The receptionist is here but she is in the bathroom.
Sekretè nou an pa la jodi a. Resepsyonis la la men li nan twalèt.
The employee meeting can take place in the conference room.
Reyinyon anplwaye a ka fèt nan sal konferans lan.
My business cards are inside my briefcase.
Kat biznis mwen yo andedan valiz mwen an.
The office staff must check their work schedule daily.
Anplwaye biwo a dwe tcheke orè travay yo chak jou.
I am going to buy office furniture.
Mwen pral achte mèb biwo.
There isn't any ink in this pen.
Pa gen okenn lank nan plim sa a.
This pencil is missing an eraser.
Kreyon sa a manke yon gòm.
Our days off are written on the calendar.
Jou konje nou yo ekri nan kalandriye a.
I need to buy extra office supplies.
Mwen bezwen achte founiti biwo siplemantè.
I am busy until my lunch break.
Mwen okipe jiskaske mwen pran poz manje midi mwen an.

Laptop - Laptop
Computer - Odinatè
Keyboard - Klavye
Mouse - Souri
Email - Imèl
Password - Modpas
Attachment - Atachman
Printer - Enprimant
Colored printer - Enprimant ki gen koulè
To download - Pou telechaje
To upload - Pou telechaje
Internet - Entènèt
Account - Kont
A copy - Yon kopi / **To copy** - Pou kopye
Paste - Kole
Fax - Faks
Scanner - Eskanè/ **To scan** - Pou eskane
Telephone - Telefòn
Charger – chajè/ **To charge** (a phone) - Pou chaje

I want to write an important email but I forgot my password for my account.
Mwen vle ekri yon imèl enpòtan men mwen bliye modpas kont mwen an.
I need to purchase a computer, a keyboard, a printer, and a desk.
Mwen bezwen achte yon òdinatè, yon klavye, yon enprimant, ak yon biwo.
Where is the mouse on my laptop?
Ki kote souri a ye sou laptop mwen an?
The internet is slow today therefore it's difficult to upload or download.
Entènèt la lan jodi a, kidonk li difisil pou w telechaje.
Do you have a colored printer?
Èske w gen yon enprimant ki gen koulè?
I needed to fax the contract but instead, I decided to send it as an attachment in the email.
Mwen te bezwen faks kontra a men olye de sa, mwen deside voye li kòm yon atachman nan imel la.
One day, the fax machine will be completely obsolete.
Yon jou, machin faks la pral konplètman demode.
Where is my phone charger?
Kote chajè telefòn mwen an?
The scanner is broken.
Scanner a pa fonksyone.
The telephone is behind the chair.
Telefòn nan dèyè chèz la.

Shredder - destriktè
Copy machine - Machin kopi
Filing cabinet - Kabinè depoze
Paper - Papye, **(p)** papye/ **Page** - Paj, (p) paj
Paperwork - Dokiman
Portfolio - Portfolio
Files - Dosye
Document - Dokiman
Contract - Kontra
Records - Dosye/ **Archives** - Achiv
Deadline - Dat limit
Binder - Klasè
Paper clip - Papye clip
Stapler - Agrafè/ **Staples** - Agraf
Stamp - So
Mail - Lapòs
Letter - Lèt
Envelope - Anvlòp
Data - Done / **Analysis** - Analiz
Highlighter – Silinyè/ **Marker** - Makè/ **To highlight** - Pou silinye
Ruler - Règ

The supervisor at our company is responsible for data analysis.
Sipèvizè nan konpayi nou an responsab analiz done yo.
The copy machine is next to the telephone.
Machin kopi a se akote telefòn la.
I can't find my stapler, paper clips, nor my highlighter in my cubicle.
Mwen pa ka jwenn agrafè mwen an, klip papye, ni enskripsyon mwen an nan kabin mwen an.
The filing cabinet is full of documents.
Kabinè a ranpli a plen ak dokiman.
The garbage can is full.
Poubèl la plen.
Give me the file because today is the deadline.
Banm fichye a paske jodia se dat limit la.
Where do I put the binder?
Ki kote mwen mete klasè a?
The ruler is next to the shredder.
Règ la se akote destriktè a.
I need a stamp and an envelope.
Mwen bezwen yon so ak yon anvlòp.
There is a letter in the mail.
Gen yon lèt nan lapòs la.

SCHOOL - LEKÒL

Student - Elèv
Teacher - Pwofesè
Substitute teacher - Pwofesè ranplasan
A class - Yon klas
A classroom - Yon sal klas
Education - Edikasyon
Private school - Lekòl prive
Public school - Lekòl piblik
Elementary school - Lekòl primè
Middle school - Lekòl mwayen
High school - Lekòl segondè
University - Invèsite/ **College** - Kolèj
Grade (level) - Klas/ **Grade** (grade on a test) - Nòt
Pass - Pase/ **Fail** - Echwe
Absent - Absan/ **Present** - Prezan

The classroom is empty.
Sal klas la vid.
I want to bring my laptop to class.
Mwen vle pote laptop mwen an nan klas la.
Our math teacher is absent and therefore a substitute teacher replaced him.
Pwofesè matematik nou an absan, kidonk yon pwofesè ranplasan te ranplase l
All the students are present.
Tout elèv yo prezan.
Make sure to pass your classes because you can't fail this semester.
Asire w ou pase klas ou yo paske ou pa ka echwe semès sa a.
The education level at a private school is much more intense.
Nivo edikasyon nan yon lekòl prive pi entans.
I went to a public elementary and middle school.
Mwen te ale nan yon lekòl primè ak elemantè piblik.
I have good memories of high school.
Mwen gen bon souvni nan lekòl segondè.
My son is 15 years old and he is in the ninth grade.
Pitit gason m nan gen 15 an e li nan klas nevyèm ane.
You must get good grades on your report card.
Ou dwe jwenn bon nòt sou kanè w la.
College textbooks are expensive.
Liv invèsite yo chè.
I want to study at an out-of-state university.
Mwen vle etidye nan yon invèsite andeyò eta a.

Subject - Sijè
Science - Syans/ **Chemistry** - Chimi/ **Physics** - Fizik
Geography - Jewografi
History - Istwa
Math - Matematik
Addition - Adisyon
Subtraction - Soustraksyon
Division - Divizyon
Multiplication - Miltiplikasyon
Language - Lang/ **English** - Anglè/ **Foreign language** - Lang etranje
Physical education - Edikasyon fizik
Chalk - Lakrè/ **Board** - Komisyon Konsèy
Report card - Kanè
Alphabet - Alfabè/ **Letters** - Lèt/ **Words** - Mo
To review - Pou revize
Dictionary - Diksyonè
Detention - Detansyon / **The principle** – Diriktè a

At school, geography is my favorite class, English is easy, math is hard, and history is boring.
Nan lekòl la, jeyografi se klas mwen pi renmen, anglè fasil, matematik difisil, istwa raz.
After English class, there is physical education.
Apre klas anglè, gen edikasyon fizik.
Today's math lesson is on addition and subtraction. Next month it will be division and multiplication.
Leson matematik jodi a se sou adisyon ak soustraksyon. Mwa pwochen li pral sou divizyon ak miltiplikasyon.
This year for foreign language credits, I want to choose Spanish and French.
Ane sa a pou kredi lang etranje, mwen vle chwazi Espanyòl ak fransè.
I want to buy a dictionary, thesaurus, and a journal for school.
Mwen vle achte yon diksyonè, yon liv sinonim, ak yon jounal pou lekòl.
The teacher needs to write the homework on the board with chalk.
Pwofesè a bezwen ekri devwa yo sou tablo a ak lakrè.
Today the students have to review the letters of the alphabet.
Jodi a elèv yo dwe revize lèt alfabè yo.
The teacher wants to teach the students roman numerals.
Pwofesè a vle anseye elèv yo chif women.
If you can't behave well then you must go to the principal's office, and maybe stay after school for detention.
Si ou pa ka konpòte w byen, ou dwe ale nan biwo direktè a, epi petèt rete apre lekòl la pou detansyon.

Test - Tès/ **Quiz** - Egzamen
Lesson - Leson/ **Notes** - Nòt
Homework - Devwa/ **Assignment** - Devwa/ **Project** - Pwojè
Pencil - Kreyon/ **Pen** - Plim/ **Ink** - Lank/ **Eraser** – Gòm
Backpack - Sakado
Book - Liv/ **Folders** - Dosye/ **Notebook** - Kaye/ **Papers** - Papye
Calculator - Kalkilatè
Scissors - Sizo / **Glue** - Lakòl/ **Adhesive tape** - Tep adezif
Lunchbox - Bwat manje / **Lunch** - Manje midi / **Cafeteria** - Kafeterya
Kindergarten - Jadendanfan/ **Pre-school** - Prematènèl/ **Day care** - Gadri
Triangle - Triyang/ **Square** - Kare/ **Circle** - Sèk
Crayons - Kreyon koulè

Today, we don't have a test but we have a surprise quiz.
Jodi a, nou pa gen tès men nou gen yon egzamen sipriz.
Are a pen, a pencil, and an eraser included with the school supplies?
Èske gen yon plim, yon kreyon ak yon gonm ak founiti lekòl yo?
I think my notebook and calculator are in my backpack.
Mwen panse ke kaye mwen ak kalkilatris mwen nan sak lekòl mwen an.
All my papers are in my folder.
Tout papye mwen yo nan katab mwen an.
I need glue and scissors for my project.
Mwen bezwen lakòl ak sizo pou pwojè mwen an.
I need tape and a stapler to fix my book.
Mwen bezwen kasèt ak yon agrafè pou ranje liv mwen an.
You have to concentrate in order to take notes.
Ou dwe konsantre pou w pran nòt.
The school librarian wants to invite the art and music teacher to the library next week.
Bibliyotekè lekòl la vle envite pwofesè desen ak mizik la nan bibliyotèk la semèn pwochèn.
For lunch, your children can purchase food at the cafeteria or they can bring food from home.
Pou manje midi, pitit ou yo ka achte manje nan kafeterya a oswa yo ka pote manje soti lakay yo.
I forgot my lunchbox and crayons at home.
Mwen bliye bwat manje midi mwen ak kreyon koulè lakay mwen.
To draw shapes such as a triangle, square, circle, and rectangle is easy.
Desine fòm tankou yon triyang, kare, sèk, ak rektang se fasil.
During the week, my youngest child is at daycare, my middle one is in pre-school, and the oldest is in kindergarten.
Pandan semèn nan, pi piti pitit mwen an nan gadri, dezyèm nan nan lekòl matènèl, ak pi gran an nan jadendanfan.

PROFESSION - PWOFESYON

Doctor - Doktè/ **Nurse** - Enfimyè
Psychologist - Sikològ/ **Psychiatrist** - Sikyat
Veterinarian - Veterinè
Lawyer - Avoka/ **Judge** - Jij
Pilot - Pilòt/ **Flight attendant** - Otès
Reporter - Repòtè/ **Journalist** - Jounalis
Electrician - Elektrisyen/ **Mechanic** - Mekanisyen
Investigator - Envestigatè/ **Detective** - Detektif
Translator - Tradiktè / **Producer** - Pwodiktè/ **Director** - Direktè

What's your profession?
Ki pwofesyon ou ye?
I am going to medical school to study medicine because I want to be a doctor.
Mwen pral nan lekòl medikal pou m etidye medsin paske mwen vle vin yon doktè.
There is a difference between a psychologist and a psychiatrist.
Gen yon diferans ant yon sikològ ak yon sikyat.
Most children want to be an astronaut, a veterinarian, or an athlete.
Pifò timoun vle vin yon astwonòt, yon veterinè, oswa yon atlèt.
The judge spoke to the lawyer at the courthouse.
Jij la te pale ak avoka nan tribinal la.
The police investigator needs to investigate this case.
Envestigatè lapolis la bezwen envestige ka sa a.
Being a detective could be a fun job.
Travay antan ke detektif ka yon travay amizan.
The flight attendant and the pilot are on the plane.
Asistan vòl la ak pilòt la nan avyon an.
I am a certified electrician.
Mwen se yon elektrisyen sètifye.
The mechanic overcharged me.
Mekanisyen an te mande m twòp kòb.
I want to be a journalist.
Mwen vle vin yon jounalis.
The best translators work at my company.
Pi bon tradiktè yo travay nan konpayi mwen an.
Are you a photographer?
Èske w se yon fotograf?
The author wants to hire a ghostwriter to write his book.
Otè a vle anboche yon ekriven fantom pou ekri liv li a.
I want to find the directors of the company.
Mwen vle jwenn direktè yo nan konpayi an.

Artist (performer) - Pèfòmè
Artist (draws paints picture) - Atis
Author - Otè
Painter - Pent
Dancer - Dansè
Writer - Ekriven
Photographer - Fotograf
A cook - Yon kwizinye/ **A chef** - Yon chef
Waiter - Gason
Bartender - Barman
Barber shop - Kwafè/ **Barber** - Kwafè / **Stylist** - Stylist
Maid - Sèvant/ **Housekeeper** - Sèvant
Caretaker - Moun k ap okipe
Farmer - Kiltivatè/ **Gardner** - Gardner
Mailman - Lapòs
A guard - Yon gad
A cashier - Yon kesye

The artist produced this artwork for her catalog.
Atis la te pwodwi travay atistik sa a pou katalòg li.
The artist drew a sketch.
Atis la te trase yon chema.
I want to apply as a cook at the restaurant instead of as a waiter.
Mwen vle aplike kòm yon kwizinye nan restoran an olye de sèvè.
The gardener can only come on weekdays.
Jadinye a ka vini sèlman nan jou lasemèn yo.
I have to go to the barbershop now.
Mwen dwe ale nan kwafè a kounye a.
Being a bartender isn't an easy job.
Pou ou kab vin yon Barman se pa yon travay fasil.
Why do we need another maid?
Poukisa nou bezwen yon lòt sèvant?
I want to file a complaint against the mailman.
Mwen vle pote yon plent kont livre a.
I am a part-time artist.
Mwen se yon atis a tan pasyèl.
She was a dancer at the play.
Li te yon dansè nan pyès teyat la.
You need to contact the insurance company if you want to find another caretaker.
Ou bezwen kontakte konpayi asirans lan si ou vle jwenn yon lòt èd swanyan.
The farmer can sell us ripened tomatoes today.
Kiltivatè a ka vann nou tomat mi jodi a.

BUSINESS - BIZNIS

A business - Yon biznis / **Company** - Konpayi / **Factory** - Faktori
A professional - Yon pwofesyonèl
Position - Pozisyon / **Work, job** - Travay / **Employee** - Anplwaye
Owner - Pwopriyetè / **Manager** - Manadjè / **Management** - Jesyon
Secretary - Sekretè
An interview - Yon entèvyou / **Resumé** - Rezime
Presentation - Prezantasyon
Specialist - Espesyalis
To hire - Pou anboche / **To fire** - Pou revoke
Pay check - Chèk peye / **Income** - Revni / **Salary** - Salè
Insurance - Asirans / **Benefits** - Benefis
Trimester - Trimès / **Budget** - Bidjè
Net - Net / **Gross** - Brit
To retire - Pou pran retrèt / **Pension** - Pansyon

I need a job.
Mwen bezwen yon travay.
She is the secretary of the company.
Li se sekretè konpayi an.
The manager needs to hire another employee.
Manadjè a bezwen anboche yon lòt anplwaye.
I am lucky because I have an interview for a cashier position today.
Mwen gen chans paske mwen gen yon entèvyou pou yon pozisyon kesye jodi a.
How much is the salary and does it include benefits?
Konbyen salè a epi èske li gen avantaj?
Management has your resumé and they need to show it to the owner of the company.
Resous imèn gen cv ou e yo bezwen montre li bay mèt konpayi an.
I am at work at the factory now.
Mwen nan travay nan faktori kounye a.
In business, you should be professional.
Nan biznis, ou dwe pwofesyonèl.
Is the presentation ready?
Èske prezantasyon an pare?
The first trimester is part of the annual budget.
Premye trimès la se yon pati nan bidjè anyèl la.
I have to see the net and gross profits of the business.
Mwen dwe wè pwofi nèt ak brit nan biznis la.
I want to retire already.
Mwen vle pran retrèt deja.

Client - Kliyan/ **Broker** - Koutye/ **Salesperson** - Vandè
Realtor - Ajan imobilye / **Real Estate Market** - Mache Imobilye
A purchase - Yon achtè/ **A lease** - Yon kontra lwaye/ **To lease** - Pou lwe
To invest - Pou envesti / **Investment** - Envestisman
Landlord - Pwopriyetè/ **Tenant** - Lokatè
Economy - Ekonomi/ **Mortgage** - Ipotèk
Interest rate - To enterè/ **A loan** - Yon prè
Commission - Komisyon/ **Percent** - Pousan
A sale - Yon vant/ **Value** - Valè/ **Profit** - Pwofi
The demand - Demann lan/ **The supply** - Ekipman an
A contract - Yon kontra/ **Terms** - Regleman
Signature - Siyati/ **Initials** - Inisyal
Stock - Aksyon/ **Stock broker** - Koutye Stock
Advertisement - Piblisite/ **Ads** - Ajoute/ **To advertise** - Pou fè piblisite

I can earn a huge profit from stocks.
Mwen ka touche yon gwo pwofi nan aksyon.
The demand in the real estate market depends on the country's economy.
Demann nan mache imobilye a depann sou ekonomi peyi a.
If you want to sell your home, I can recommend a very good realtor.
Si ou vle vann kay ou, mwen ka rekòmande yon trè bon koutye.
The investor wants to invest in this shopping center because of its good potential.
Envestisè a vle envesti nan sant komèsyal sa a akòz bon potansyèl li.
The value of the property increased by twenty percent.
Valè pwopriyete a ogmante pa ven pousan.
How much is the commission on the sale?
Konbyen komisyon an sou vant lan?
The client wants to lease instead of purchasing the property.
Kliyan an vle lwe olye pou yo achte pwopriyete a.
What are the terms of the purchase?
Ki kondisyon acha a?
I can negotiate a better interest rate.
Mwen ka negosye yon pi bon to enterè.
I need a small loan in order to pay my mortgage this month.
Mwen bezwen yon ti prè pou m peye ipotèk mwen an nan mwa sa a.
I need a signature and initials on the contract.
Mwen bezwen yon siyati ak inisyal sou kontra a.
My position in the company is marketing and I am responsible for advertising and ads.
Pozisyon mwen nan konpayi an se maketing e mwen responsab pou piblisite ak anons.

Money - Lajan / **Currency** - monnen
Cash - Lajan Kach / **Coins** - Pyès monnen
Change (change for a bill) - Chanjman
Credit - Kredi
Tax - Taks
Price - Pri
Invoice - Fakti
Inventory - Envantè
Merchandise - Machann
A refund - Yon ranbousman
Product - Pwodwi
Produced - Pwodwi
Retail - Yo Vann an Detay
Wholesale – Vant an gwo
Imports - Enpòtasyon / **Exports** - Ekspòtasyon
To ship - Pou bato / **Shipment** - Chajman

Don't forget to bring cash with you.
Pa bliye pote lajan kach avèk ou.
Do you have change for a 100 Euro bill?
Èske w gen chanjman pou yon bòdwo 100 Euro?
I don't have a credit card.
Mwen pa gen yon kat kredi.
The salesperson told me there is no refund.
Vandè a te di m pa gen okenn ranbousman.
This product is produced in Italy.
Pwodwi sa a fèt nan peyi Itali.
I work in the export/import business.
Mwen travay nan biznis ekspòtasyon/enpòte.
Let me check my inventory.
Kite m tcheke envantè mwen an.
This product is insured.
Pwodwi sa a gen asirans.
This invoice contains a mistake.
Fakti sa a gen yon erè.
What is the wholesale and retail value of this shipment?
Ki valè an gwo ak an detay nan chajman sa a?
You don't have enough money to purchase the merchandise.
Ou pa gen ase lajan pou achte machandiz la.
How much does the shipping cost and is it in foreign currency?
Konbyen transpò a koute epi èske li se nan monnen etranje?
There is a tax exemption on this income.
Gen yon egzanpsyon taks sou revni sa a.

SPORTS - SPORT

Basketball - Baskètbòl/ **Soccer** - Foutbòl
Game - Jwèt/ **Stadium** - Estad/ **Ball** - Boul/ **Player** - Jwè
To jump - Pou sote / **To throw** - Voye/ **To kick** - Choute/ **To catch** - Trape/ **Coach** - Antrenè/ **Referee** - Abit
Competition - Konpetisyon
Team - Ekip/ **Teammate** - Koekipye/ **National team** - Ekip nasyonal
Opponent - Opozan
Half time - Mwatye tan/ **Finals** - Final
Scores - Nòt
The goal - Objektif la / **A goal** - Yon objektif
To lose - Pèdi/ **A Defeat** - Yon Defèt
To win - Pou genyen / **A victory** - Yon viktwa
The looser - Pèdan/ **The winner** - Gayan an
Fans - Fanatik
Field - Teren
Helmet - Kas
Penalty - Sanksyon
Basket - Panye

I like to watch basketball games.
Mwen renmen gade jwèt baskètbòl.
Soccer is my favorite sport.
Foutbòl se espò mwen pi renmen.
To play basketball, you need to be good at throwing and jumping.
Pou jwe baskètbòl, ou bezwen bon nan voye ak sote.
The national team has a lot of fans.
Ekip nasyonal la gen anpil fanatik.
My teammate can't find his helmet.
Koekipyè mwen an pa ka jwenn kas li.
The coach and the team were on the field during half-time.
Antrenè a ak ekip la te sou teren an pandan mitan an.
The coach needs to bring his team today to meet the new referee.
Antrenè a bezwen vini ak ekip li jodi a pou rankontre nouvo abit la.
Our opponents went home after their defeat.
Opozan nou yo te ale lakay yo apre defèt yo.
I have tickets to a soccer game at the stadium.
Mwen gen tikè pou yon match foutbòl nan estad la.
The player received a penalty for kicking the ball in the wrong goal.
Jwè a te resevwa yon penalite paske li choute boul la nan move kan an.
Not every person likes sports.
Se pa tout moun ki renmen espò.

Athlete - Atlèt/ **Olympics** - Olympik/ **World cup** - Mondyal
Bicycle - Bisiklèt/ **Cyclist** - Siklis/ **Swimming** - Naje
Wrestling - Limen/ **Boxing** - Bòks/ **Martial arts** - Art masyal
Championship - Chanpyona/ **Award** - Prim/ **Tournament** - Chanpyona
Horse racing – kous cheval / **Racing** - Kous
Exercise - Egzèsis/ **Fitness** - Spò / **Gym** - Jimnastik
Captain - Kapitèn/ **Judge** - Jij / **Trainer** - Antrenè
A match - Yon match/ **Rules** - Règ/ **Track** - Track
Pool (billiards) - Biya/ **Pool** (swimming pool) - Pisin

Today are the finals for the Olympic Games.
Jodi a se final yo pou jwèt olenpik yo.
Let's see who wins the World Cup.
Ann wè kiyès ki genyen koup di mond lan.
I want to compete in the cycling championship.
Mwen vle fè konpetisyon nan chanpyona monte bekann la.
I am an athlete so I must stay in shape.
Mwen se yon atlèt kidonk mwen dwe rete an fòm.
After my boxing lesson, I want to go and swim in the pool.
Apre leson bòks mwen an, mwen vle ale nan pisin lan.
He will receive an award because he is the winner of the martial-arts tournament.
Li pral resevwa yon prim paske li se gayan an nan tounwa a masyal.
The wrestling captain must teach his team the rules of the game.
Kapitèn lit la dwe etabli ak ekip li règ jwèt la.
At the horse-racing competition, the judge couldn't announce the score.
Nan konpetisyon kous chwal, jij la pa t 'kapab anonse nòt la.
There is a bicycle race at the park today.
Gen yon kous bekann nan pak la jodi a.
This fitness program is expensive.
Pwogram Fitness sa a chè.
It's healthy to go to the gym every day.
Li bon pou ale nan spò chak jou.
Weightlifting is good exercise.
Bat fè se bon ekzèsis.
I want to run on the track today.
Mwen vle kouri sou track la jodi a.
I like to win in billiards.
Mwen renmen genyen nan biya.
Skateboarding is forbidden here.
Skateboarding entèdi isit la.
Ice skating is much easier than it seems.
Glas atistik pi fasil pase li sanble.

OUTDOOR ACTIVITIES - AKTIVITE OUTDOOR

Hiking - Randone / **Hiking trail** – soulye randone
Pocket knife - Kouto pòch
Compass - Bousòl
Camping - Kan/ **A camp** - Yon kan
Campground - Terrain kan / **Tent** - Tant
Campfire – Bwa dife/ **Matches** - Alimèt/ **Lighter** - Brikè
Coal - Chabon / **Flame** - Flanm dife / **The smoke** - Lafimen an
Fishing - Lapèch/ **To fish** - Pou peche pwaso
Fishing pole - Pou pwaso/ **Fishing line** - Liy lapèch
Hook - Ne / **A float** - Yon flòt / **A weight** - Yon pwa/ **Bait** - Apa
Fishing net - Filè lapèch
To hunt - Pou lachas
Rifle - Yon fizi

I enjoy hiking on the trail, with my compass and my pocketknife.
Mwen renmen randone sou santye an, avèk konpa mwen ak kouto pòch mwen.
Don't forget the water bottle in your backpack.
Pa bliye boutèy dlo ki nan sak a do ou a.
There aren't any tents at the campground.
Pa gen okenn tant nan kan an.
I want to sleep in an RV instead of a tent.
Mwen vle dòmi nan yon RV olye de yon tant.
We can use a lighter to start a campfire.
Nou ka itilize yon brikè pou limen dife.
We need coal and matches for the trip.
Nou bezwen chabon ak alimèt pou vwayaj la.
Put out the fire because the flames are very high and there is a lot of smoke.
Etenn dife a paske flanm dife yo wo anpil e gen anpil lafimen.
There is fog outside and the temperature is below freezing.
Gen bwouya deyò a epi tanperati a pi ba pase lè w konjele.
Where is the fishing store? I need to buy hooks, fishing line, bait, and a net.
Kote magazen lapèch la? Mwen bezwen achte kwòk, liy lapèch, apa, ak yon filè.
You can't bring your fishing pole or your hunting rifle to the campground of the State Park because there is a sign there which says, "No fishing and no hunting."
Ou pa ka pote poto liy lapèch ou oswa fizi lachas ou nan teren kan nan State Park la paske gen yon siy la ki di, "Pa gen lapèch oswa lachas."

Sailing - Vwal, navige
Sailboat – Bato Vwal / **A sail** - Yon vwal
Rowing - Rame / **A paddle** - Yon pagay
Motor - Motè
Canoe - Kannòt / **Kayak** - Kayak
Rock climbing - Monte wòch
Horseback riding - Monte cheval
Diver - Chofè
Scuba diving - Plonje plonje
Skydiving - Parachitism
Parachute - Parachit
Paragliding - Parapent
Hot air balloon - Balon parachit
Kite - Kap
Surfing - Navigasyon/ **Surf board** - Planch navige
Ice skating - Patinaj sou glas/ **Skiing** - Ski

With a broken motor, we need a paddle to row the boat.
Avèk yon motè kase, nou bezwen yon pedal pou rame bato a.
It's important to know how to use a sail before sailing on a sailboat.
Li enpòtan pou konnen ki jan yo sèvi ak yon vwal anvan ou navige sou yon bato.
In my opinion, a kayak is much more fun than a canoe.
Dapre mwen, yon kayak se pi plis plezi pase yon kannòt.
Do I need to bring my scuba certification in order to scuba dive at the coral reef?
Èske mwen bezwen pote sètifikasyon plonje mwen an pou mwen plonje nan resif koray la?
I have my mask, snorkel, and fins.
Mwen gen mask mwen, tuba, ak najwar.
I don't know which is scarier, sky diving or paragliding.
Mwen pa konnen kisa ki pi terifyan, plonje nan parachit oswa parapent.
There are several outdoor activities here including rock climbing and horseback riding.
Gen plizyè aktivite deyò isit la ki gen ladan grenpe wòch ak monte cheval.
My dream was always to fly in a hot-air balloon.
Rèv mwen se te toujou vole nan yon balon parachit.
We are going skiing on our next vacation.
Nou pral ski nan pwochen vakans nou an.
Where is the surfboard? I want to surf the waves at the beach.
Ki kote surfboard la ye? Mwen vle navige vag yo sou plaj la.
Ice skating is fun.
Paten a glas se plezi.

ELECTRICAL DEVICES - APARÈY ELEKTRIK

Electronic - Elektwonik/ **Electricity** - Elektrisite
Appliance - Aparèy
Oven - Fou
Stove - Recho
Microwave - Mikwo ond
Refrigerator - Frijidè/ **Freezer** - Frizè
Coffee maker – kafetyè / **Coffee pot-** po kafe
Toaster - Tostè
Dishwasher - Machin alave veso
Laundry machine – machin a lave / **Laundry** - Lesiv
Dryer - Seche rad
Fan - fanatik / **Air condition** – è Kondisyone
Alarm - Alam
Smoke detector - Detektè lafimen
Battery - Batri

He needs to pay his electric bill if he wants electricity.
Li bezwen peye bil elektrik li si li vle elektrisite.
I want to purchase a few things at the electronic appliance store.
Mwen vle achte kèk bagay nan magazen aparèy elektwonik la.
I can't put plastic utensils in the dishwasher.
Mwen pa ka mete istansil plastik nan machin alave a.
I am going to get rid of my microwave and oven because they are not functioning.
Mwen pral debarase m de mikwo ond mwen ak fou paske yo pa fonksyone.
The refrigerator and freezer aren't cold enough.
Frijidè a ak frizè a pa ase frèt.
The coffee maker and toaster are in the kitchen.
Kafe a ak griye yo nan kwizin nan.
My washing machine and dryer do not function therefore I must wash my laundry at the public laundromat.
Machin lave mwen ak seche rad mwen an pa fonksyone Se poutèt sa mwen dwe lave lesiv mwen an nan lesiv piblik la.
Is this fan new?
Èske vantilatè sa a nèf?
Unfortunately, the new air conditioner unit hasn't been delivered yet.
Malerezman, nouvo inite èkondisyone a poko delivre.
Is that annoying sound the alarm clock or the fire alarm?
Èske son anmèdan sa a se revèy la oswa alam dife a?
The smoke detector needs new batteries.
Detektè lafimen an bezwen nouvo pil.

Lamp - Lanp
Stereo - Stereo
A (wall) clock - Yon revèy/ **A watch** - Yon mont
Vacuum cleaner - Aspiratè
Phone - Telefòn/ **Text message** - Mesaj tèks/ **Voice message** - Mesaj vwa
Camera - Kamera
Flashlight - Flach/ **Light** - Limyè
Furnace - Founo/ **Heater** - Aparèy chofaj
Cord - Kòd / **Charger** - Plato / **Outlet** - Priz
Headsets - Yon kask
Door bell - Klòch pòt
Lawn mower - Machin gazon

The clock is hanging on the wall.
Revèy la pandye sou miray la.
The cordless stereo is on the table.
Stéréo san fil la sou tab la.
I still have a home telephone.
Mwen toujou gen yon telefòn fiks.
I need to buy a lamp and a vacuum cleaner today.
Mwen bezwen achte yon lanp ak yon aspiratè jodi a.
In the past, cameras were more common. Today, everyone can use their phones to take pictures.
Nan tan lontan an, kamera yo te pi komen. Jodi a, tout moun ka sèvi ak telefòn yo pou pran foto.
You can leave me a voice message or send me a text message.
Ou ka kite yon mesaj vokal oswa voye yon mesaj tèks pou mwen.
The lights don't function when there is a blackout therefore I must rely on my flashlight.
Limyè yo pa fonksyone lè gen yon blakawout Se poutèt sa mwen dwe konte sou flach mwen an.
I can't hear the doorbell.
Mwen pa ka tande sonèt la.
There is a higher risk of causing a house fire from an electric heater than a furnace.
Gen yon pi gwo risk pou lakòz yon dife nan kay nan yon aparèy chofaj elektrik pase yon gwo fou.
I need to connect the cord to the outlet.
Mwen bezwen konekte kòd la ak priz la.
His lawnmower is very noisy.
Tondez gazon li a fè anpil bwi.
Why is my headset on the floor?
Poukisa kas mwen an sou planche a?

TOOLS - ZOUTI

Toolbox - Bwat zouti
Carpenter - Bòs chapant
Hammer - Mato
Saw - Si/ **Axe** - Rach
A drill - Yon Pèsez / **To drill** - Pou pèse
Nail - Tournevis/ **A screw** - Yon vis
Screwdriver - Tournevis/ **A wrench** - Yon vis / **Pliers** - Pens
Paint brush - Bwòs penti / **To paint** - Pou pentire / **The paint** - Penti a
Ladder - Nechèl
Rope - Kòd / **String** - Fisèl
A scale - Yon echèl / **Measuring tape** - Fisèl
Machine - Machin
A lock - Yon seri/ **Locked** - Fèmen/ **To lock** - Pou fèmen
Equipment - Ekipman
Metal - Metal/ **Steel** - Asye/ **Iron** - Fè
Broom - Bale/ **Dust pan** - Chodyè pousyè
Bucket - Bokit/ **Sponge** - Eponj / **Mop** - Mop
Shovel - Pèl/ **A trowel** - Yon gach

The carpenter needs nails, a hammer, a saw, and a drill.
Bòs chapant lan bezwen klou, yon mato, yon si, ak yon pèsez.
The string is very long. Where are the scissors?
Fisèl la trè long. Kote sizo yo?
The screwdriver is in the toolbox.
Touvis la se nan bwat zouti a.
This tool can cut through metal.
Zouti sa a ka koupe nan metal.
The ladder is next to the tools.
Nechèl la se akote zouti yo.
I must buy a brush to paint the walls.
Mwen dwe achte yon bwòs pou penti mi yo.
The paint bucket is empty.
Bokit penti a vid.
It's better to tie the shovel with a rope in my pick-up truck.
Li pi bon pou mare pèl la ak yon kòd nan kamyonèt mwen an.
How can I fix this machine?
Kouman mwen ka ranje machin sa a?
The broom and dust pan are with the rest of my cleaning equipment.
Bale a ak chodyè pousyè yo ak rès ekipman netwayaj mwen an.
Where did you put the mop and the bucket?
Ki kote ou te mete mòp la ak bokit la?

CAR - MACHIN

Engine - Motè
Ignition - Ignisyon
Steering wheel - Volan
Automatic - Otomatik
Manual - Manyèl
Gear shift - Chanjman angrenaj
Seat - Syèj
Seat belt - Senti sekirite
Airbag - Èrbag
Brakes - Fren
Handbrake – fren men
Baby seat - Syèj ti bebe
Driver seat - Syèj chofè / **Passenger seat** - Syèj pasaje
Front seat - Syèj devan
Back seat - Syèj dèyè
Car passenger - Pasaje Machin
Warning light - Limyè avètisman
Button - Bouton/ **Horn** (of the car) - Klaxon machin

When driving, both hands must be on the steering wheel.
Lè w ap kondwi, tou de men yo dwe sou volan an.
I must take my car to my mechanic because there is a problem with the ignition.
Mwen dwe mennen machin mwen nan mekanisyen mwen paske gen yon pwoblèm ak ignisyon an.
What happened to the engine?
Kisa ki rive motè a?
The seat is missing a seat belt.
Syèj la manke yon senti sekirite.
I prefer a gear shift instead of an automatic car.
Mwen pito yon chanjman angrenaj olye de yon machin otomatik.
The brakes are new in this vehicle
Fren yo nouvo nan machin sa a
This vehicle doesn't have a handbrake.
Machin sa a pa gen yon fren men.
There is an airbag on both the driver side and the passenger side.
Gen yon èrbag sou bò chofè a ak bò pasaje yo.
The baby seat is in the back seat.
Chèz ti bebe a se nan chèz dèyè a.
The warning light button is located next to the stirring wheel.
Bouton limyè avètisman an sitiye akote wou a.

Windshield - Vit
Windshield wiper - Eswi-vit
Windshield fluid - Likid vit
Rear view mirror - Retwovizè
Side mirror - Bò glas
Door handle - Manch pòt
Spare tire - Kawotchou rezèv
Trunk - Kòf
Hood (of the vehicle) - Kapo
Alarm - Alam
Window - Fenèt
Drive license - Lisans kondwi
License plate - Plak lisans
Gasoline - Gazolin
Low fuel - Gaz ki ba
Flat tire - Kawotchou plat
Crowbar - Crowbar
A (car) jack - Jack
Wrench - Kle

The windshield and all four of my car windows are cracked.
Vit-la ak tout kat fenèt machin mwen yo fann.
I want to clean my rear-view mirror and my side mirrors.
Mwen vle netwaye retwovizè mwen an ak miwa bò kote mwen an.
My car doesn't have an alarm.
Machin mwen an pa gen yon alam.
Does this car have a spare tire in the trunk?
Èske machin sa a gen yon kawotchou rezèv nan kòf la?
Please, close the car door.
Tanpri, fèmen pòt machin nan.
Where is the nearest gas station?
Ki kote estasyon gaz ki pi pre a?
The windshield wipers are new.
Eswi glas yo nouvo.
The door handle on the driver's side doesn't function.
Manch pòt la sou bò chofè a pa fonksyone.
Your license plate has expired.
Plak lisans ou a ekspire.
I want to renew my driving license today.
Mwen vle renouvle lisans kondwi mwen jodi a.
Are the car doors locked?
Èske pòt machin yo fèmen?

NATURE - NATI

A plant - Yon plant
Forest - Forè
Tree - Pye bwa
Trunk - Kòf/ **Branch -** Branch/ **Leaf -** Fèy/ **Root -** Rasin
Flower - Flè
Petal - Petal / **Blossom -** Flè
Stem - Tij/ **Seed -** Grenn
Rose - Rose
Nectar - Nèktar/ **Pollen -** Polèn
Vegetation - Vejetasyon/ **Bush -** Touf bwa/ **Grass -** Zèb
Rain forest - Forè lapli/ **Tropical -** Twopikal
Palm tree - Pye palmis
Season - Sezon / **Spring -** Prentan / **Summer -** Ete
Winter - Sezon ivè / **Autumn -** Otòn

I want to collect a few leaves during the fall.
Mwen vle kolekte kèk fèy pandan sezon otòn la.
There aren't any plants in the desert during this season.
Pa gen okenn plant nan dezè a pandan sezon sa a.
The trees need rain.
Pye bwa yo bezwen lapli.
The trunk, the branches, and the roots are all parts of the tree.
Kòf la, branch yo, ak rasin yo se tout pati nan pye bwa a.
My rose bushes are beautiful.
Rose touf mwen yo bèl.
Where can I plant the seeds?
Ki kote mwen ka plante grenn yo?
I must trim the grass and vegetation in my garden.
Mwen dwe koupe zèb ak vejetasyon nan jaden mwen an.
The rain forest is a nature preserve.
Forè lapli a se yon prezèv lanati.
Palm trees can only grow in a tropical climate.
Pye palmis ka grandi sèlman nan yon klima twopikal.
I am allergic to pollen.
Mwen fè alèji ak polèn.
The orchid needs to bloom because I want to see its beautiful petals.
Òkid la bezwen fleri paske mwen vle wè bèl petal li yo.
Is the nectar from the flower sweet?
Èske nekta ki soti nan flè a dous?
Be careful because the plant stem can break very easily.
Fè atansyon paske tij plant la ka kraze trè fasil.

Lake - Lak
Sea - Lanmè / **Ocean** - Oseyan
Waterfall - Kaskad
River - Rivyè/ **Canal** - Kanal/ **Swamp** - Marekaj
Mountain - Montay/ **Hill** - Mòn
Rainbow - Lakansyèl
Cloud - Nwaj
Lightning - Zeklè/ **Thunder** - Loraj
Rain - Lapli/ **Snow** - Nèj
Ice - Glas/ **Hail** - Lagrèl
Fog - Bwouya
Wind - Van/ **Air** - Lè
Dew - Lawouze
Sunset - Solèy kouche/ **Sunrise** - Solèy leve

There is a rainbow above the waterfall.
Gen yon lakansyèl anlè kaskad dlo a.
The ocean is bigger than the sea.
Oseyan an pi gwo pase lanmè a.
From the mountain, I can see the river.
Soti nan mòn lan, mwen ka wè rivyè a.
Today we hope to see snow.
Jodi a nou espere wè nèj.
There aren't any clouds in the sky.
Pa gen okenn nyaj nan syèl la.
I see the lightning from my window.
Mwen wè zèklè nan fenèt mwen an.
I can hear the thunder from outside.
Mwen ka tande loraj la deyò a.
I want to see the sunset from the hill.
Mwen vle wè solèy kouche soti nan ti mòn lan.
The lake has a shallow part and a deep part.
Lak la gen yon pati fon ak yon pati plat.
I don't like the wind.
Mwen pa renmen van an.
The air on the mountain is very clear.
Lè sa a ki sou mòn lan trè klè.
Every dawn, there is dew on the leaves of my plants.
Chak dimanch maten byen bonè, gen lawouze sou fèy plant mwen yo.
Is this ice or hail?
Èske sa a se glas oswa lagrèl?
I can see the volcano.
Mwen ka wè vòlkan an.

Sky - Syèl
World - Mond/ **Earth** - Latè
Sun - Solèy/ **Moon** - Lalin/ **Crescent** - Kwasan/ **Full moon** - Lalin plen
Star - zetwal/ **Planet** - Planèt
Fire - Dife/ **Heat** - Chalè/ **Humidity** - Imidite
Agriculture - Agrikilti
Island - Zile
Cave - Gwòt
Public park - Pak piblik/ **National park** - Pak nasyonal
Rock - Wòch/ **Stone** - Wòch
Ground - Tè / **Soil** - Tè
Sea shore - Rivaj lanmè/ **Seashell** - Kokiyaj
Dawn - Douvanjou / **Ray** - Reyon
Dry - Sèk/ **Wet** - Mouye
Deep - Gwo twou san fon/ **Shallow** - plat
Weeds - Raje
A stick - Yon baton
Dust - Pousyè

The moon and the stars are beautiful in the night sky.
Lalin lan ak zetwal yo bèl nan syèl la lannwit.
The earth is a planet.
Tè a se yon planèt.
The heat today is unbearable.
Chalè jodi a ensipòtab.
At the beach there is fresh air.
Sou plaj la gen yon lè fre.
I want to sail to the island to see the sunrise.
Mwen vle navige nan zile a pou wè solèy leve.
Parts of the cave are dry and other parts are wet.
Pati nan gwòt la sèk ak lòt pati yo mouye.
We live in a beautiful world.
Nou ap viv nan yon bèl mond.
There is dust from the fire in the park.
Gen pousyè ki soti de dife a nan pak la.
I want to collect seashells from the seashore.
Mwen vle kolekte kokiyaj ki soti bò lanmè a.
There are too many stones in the soil so it's impossible to use this area for agricultural purposes.
Gen twòp wòch nan tè a, kidonk li enposib pou sèvi ak zòn sa a pou rezon agrikòl.
Why are there so many weeds growing by the swamp?
Poukisa gen anpil move zèb k ap grandi nan marekaj la?

ANIMALS - BÈT

Pet - Bèt kay
Mammals - Mamifè
Dog - Chen/ **Cat -** Chat
Parrot - Jako
Pigeon - Pijon
Pig - Kochon
Sheep - Mouton
Cow - Bèf/ **Bull -** Towo bèf
Donkey - Bourik/ **Horse -** Cheval /**Camel -** Chamo
Rodent - Wonjè
Mouse - Sourit/ **Rat -** Rat
Rabbit - Lapen/ **Hamster -** Amstè
Duck - Kanna/ **Goose -** Zwa
Turkey - Kodenn/ **Chicken -** Poul/ **Poultry -** Bèt volay
Squirrel - Ekirèy

I have a dog and two cats.
Mwen gen yon chen ak de chat.
There is a bird on the tree.
Gen yon zwazo sou pye bwa a.
I want to go to the zoo to see the animals.
Mwen vle ale nan zou a pou m wè bèt yo.
My daughter wants a pet horse.
Pitit fi mwen an vle yon chwal kòm bèt kay.
A pig, a sheep, a donkey, and a cow are considered farm animals.
Yon kochon, yon mouton, yon bourik, ak yon bèf yo konsidere kòm bèt nan fèm.
I want a hamster as a pet.
Mwen vle yon amstè kòm yon bèt kay.
A camel is a desert animal.
Yon chamo se yon bèt nan dezè.
Can I put ducks, geese, and turkeys inside my coop?
Èske mwen ka mete kana, zwa, ak kodenn andedan poulaye mwen an?
We have rabbits and squirrels in our yard.
Nou gen lapen ak ekirèy nan lakou nou an.
It's cruel to keep a parrot inside a cage.
Li mechan pou kenbe yon jako andedan yon kaj.
There are many pigeons in the city.
Gen anpil pijon nan vil la.
Mice and rats are rodents.
Sourit ak rat se wonjè.

Lion - Lyon
Hyena - Iyèn
Leopard - Leyopa / **Panther** - Pantè / **Cheetah** - Cheetah
Elephant - Elefan
Rhinoceros - Rinoseròs / **Hippopotamus** - Ipopotam
Bat – Chov souri
Fox - Bèt / **Wolf** - Rena
Weasel - Belèt
Bear - Lous
Tiger - Tig
Deer - Sèf
Monkey - Makak
Otter - Lout
Marsupial - Marsupial

There are a lot of animals in the forest.
Gen anpil bèt nan forè a.
The most dangerous animal in Africa is not the lion, it's the hippopotamus.
Bèt ki pi danjere nan Afrik se pa lyon an, se ipopotam la.
A wolf is much bigger than a fox.
Yon lou pi gwo pase yon rena.
Are there bears in this forest?
Èske gen lous nan forè sa a?
Bats are the only mammals that can fly.
Chov souri yo se sèl mamifè ki ka vole.
It's usually very difficult to see a leopard in the wild.
Anjeneral li trè difisil pou wè yon leyopa nan bwa.
Cheetahs are common in certain regions of Africa and rare in others.
Gepa yo komen nan sèten rejyon nan Afrik ak ra nan lòt moun.
Elephants and rhinoceroses are known as very aggressive animals.
Elefan ak Rinoseròs yo se bèt agresif anpil.
I saw a hyena and a panther at the safari yesterday.
Mwen te wè yon iyèn ak yon pantè nan safari a yè.
The largest member of the cat family is the tiger.
Manm ki pi gwo nan fanmi chat se tig.
Deer hunting is forbidden in the national park.
Lachas sèf entèdi nan pak nasyonal la.
There are many monkeys on the branches of the trees.
Gen anpil makak sou branch pyebwa yo.
An opossum isn't a rat but it's a marsupial just like the kangaroo.
Yon opossum se pa yon rat men li se yon masipyal menm jan ak kangouwou a.

Bird - Zwazo
Crow - Kòk
Stork - Sigòy
Vulture - Vulti/ **Eagle** - Malfini
Owl - Chwèt
Peacock - Pan
Reptile - Reptil
Turtle - Tòti
Snake - Koulèv/ **Lizard** - Zandolit/ **Crocodile** - Kwokodil
Frog - Krapo
Seal - Fòk / **Whale** - Balèn/ **Dolphin** - Dofen
Fish - Pwason
Shark - Reken
Wing - Zèl/ **Feather** - Plim
Tail - Ke
Fur - Fouri
Scales - Balans / **Fins** - Najwa
Horns - Kòn
Claws - Grif

An eagle and an owl are birds of prey however vultures are scavengers.
Yon malfini ak yon chwèt se zwazo ki dèyè pwa, sepandan votou yo se chapote.
Crows are very smart.
Kòbo yo entelijan anpil.
I want to see the stork migration in Europe.
Mwen vle wè migrasyon sigòy an Ewòp.
Don't buy a fur coat!
Pa achte yon rad fouri!
Butterflies and peacocks are colorful.
Papiyon ak paon yo kolore.
Some snakes are poisonous.
Gen kèk koulèv ki se pwazon.
Is that the sound of a cricket or a frog?
Eske se son krikèt oswa krapo?
Lizards, crocodiles, and turtles belong to the reptile family.
Zandolit, kwokodil ak tòti fè pati fanmi reptil la.
I want to see the fish in the lake.
Mwen vle wè pwason ki nan lak la.
There were a lot of seals basking on the beach last week.
Te gen anpil fòk ki te dore sou plaj la semèn pase a.
A whale is not a fish.
Yon balèn se pa yon pwason.

Insect - Ensèk
A cricket - Yon krikèt
Ant - Foumi/ **Termite** - Tèmit
A fly - Yon mouch
Butterfly - Papiyon
Worm - Vè
Mosquito - Moustik/ **Flea** - Pis/ **Lice** - Pou
Beetle - Skarabe
A roach - Yon ravèt
Bee - Myèl
Spider - Arenyen/ **Scorpion** - Eskòpyon
Snail - Kalmason
Invertebrates - Envètebre
Shrimps - Krevèt/ **Clams** - Paloud/ **Crab** - Krab
Octopus - Pyèv
Starfish - Etwal mare
Jellyfish - Fosilize yo

An octopus has eight tentacles.
Yon poulp gen 8 bra.
A jellyfish is a common dish in Asian culture.
Yon mediz se yon plat komen nan kilti Azyatik.
The museum has a large collection of invertebrate fossils.
Mize a gen yon gwo koleksyon fosil envètebre.
I want to buy mosquito spray.
Mwen vle achte espre pou moustik.
I need antiseptic for my bug bites.
Mwen bezwen antiseptik pou mak moustik mwen yo.
I hope there aren't any worms, ants, or flies in the bag of sugar.
Mwen espere pa gen okenn vè, foumi, oswa mouch nan sak sik la.
I have crabs and starfish in my aquarium.
Mwen gen krab ak etwal lanmè nan akwaryòm mwen an.
Certain types of spiders and scorpions can be dangerous.
Sèten kalite areye ak eskòpyon ka danjere.
I need to call the exterminator because there are fleas, roaches, and termites in my house.
Mwen bezwen rele ekstèminatè a paske gen pis, ravèt, ak tèmit lakay mwen.
Bees are very important for the environment.
Myèl yo trè enpòtan pou anviwònman an.
Is there a snail inside the shell?
Èske gen yon kalmason andedan koki a?
Beetles are my favorite insects.
Skarabe se ensèk mwen pi renmen.

RELIGION, CELEBRATIONS, & CUSTOMS
RELIJYON, SELEBRATIONS, AK DOUMAN

God - Bondye/ **Bible** - Bib
Old Testament - Ansyen Testaman
New Testament - Nouvo Testaman
Adam - Adan/ **Eve** - Èv
Garden of Eden - Jaden Edenn / **Heaven** - Syèl la
Angels - Zanj yo
Priest - Prèt
Noah - Noe/ **Ark** - Ach
To pray - Pou lapriyè/ **Prayer** - Lapriyè
Blessing - Benediksyon/ **To bless** - Pou beni
Holy - Sentespri/ **Faith** - Lafwa
Moses - Moyiz/ **Prophet** - Pwofèt/ **Messiah** - Mesi/ **Miracle** - Mirak
Ten commandments - Dis kòmandman
The five books of Moses - Senk liv Moyiz yo
Genesis - Jenèz/ **Exodus** - Egzòd/ **Leviticus** - Levitik
Numbers - Nimewo/ **Deuteronomy** - Detewonòm

Many religions use the bible.
Anpil relijyon sèvi ak Bib la.
We have faith in miracles.
Nou gen lafwa nan mirak.
When do I need to say the blessing?
Ki lè mwen bezwen di benediksyon an?
I must say a prayer for the holiday.
Mwen dwe di yon lapriyè pou jou fèt la.
The angels came from heaven.
Zanj yo soti nan syèl la.
Aaron, the brother of Moses, was the first priest.
Arawon, frè Moyiz la, se te premye prèt la.
The story of Noah's Ark and the flood is very interesting.
Istwa Bwat Kontra Noye a ak inondasyon an trè enteresan.
Adam and Eve were the first humans and they lived in the Garden of Eden.
Adan ak Èv se te premye moun yo e yo te viv nan Jaden Edenn nan.
Moses had to climb up on Mount Sinai to receive the Ten Commandments from God.
Moyiz te oblije monte sou mòn Sinayi pou l te resevwa dis kòmandman Bondye yo.
The Five Books of the Moses are Genesis, Exodus, Leviticus, Numbers, and Deuteronomy.
Senk liv Moyiz yo se Jenèz, Egzòd, Levitik, Nonm ak Detewonòm.

The Christian Religion - Relijyon kretyen an
Church - Legliz
Cathedral - Katedral
Catholic - Katolik
Christian - Kretyen
Christianity - Krisyanis
Catholicism - Katolik
Jesus - Jezi
A cross - Yon kwa
Priest - Prèt
Holy - Sentespri/ **Holy water** - Dlo apa pou Bondye
To sin - Pou peche / **A sin** - Yon peche
Monastery - Monastè
Christmas - Nwèl
Christmas eve - Lavèy Nwèl
Christmas tree – Ab de Nwèl
New Year - Nouvèl Ane
Merry Christmas - Jwaye Nwèl
Easter - Pak
Saint - Sen/ **Nun** – mè katolik/ **Chapel** - Chapèl

The church is open today.
Legliz la louvri jodi a.
Christians love to celebrate Christmas.
Kretyen renmen selebre Nwèl.
Is it possible to turn on the lights on my Christmas tree for Christmas Eve?
Èske li posib pou limen limyè yo sou pye bwa Nwèl mwen an pou lavèy Nwèl la?
Two more weeks until Easter.
Manke sèlman de semèn avan Pak.
The nuns live in the monastery.
Mè yo ap viv nan monastè a.
The priest read a psalm from the Bible in front of the congregation.
Prèt la li yon sòm nan Bib la devan kongregasyon an.
I went to pray in the cathedral.
Mwen te ale nan lapriyè nan katedral la.
Happy holiday and Happy New Year to all my friends and family.
Bòn fèt ak bon ane a tout zanmi m ak fanmi m.
The priest baptized the baby in the holy water.
Prèt la te batize ti bebe a nan dlo sen an.
The devil and the demons are from hell.
Dyab la ak move lespri yo soti nan lanfè.

Jew - Jwif
Judaism - Jidayis
Passover – Jou Fèt Pak
Synagogue - Sinagòg
Religious - Relijye
Monotheism - Monoteyis
Islam - Islam
Muslim - Mizilman
Mohammed - Mohammed
Mosque - Moske
Hindu - Endou
Buddhist - Boudis
Temple - Tanp

What is your religion?
Ki relijyon ou?
The Jews worship at the synagogue.
Jwif yo adore nan sinagòg la.
The Bible is a holy book which tells the story of the Jewish nations and includes many miracles.
Bib la se yon liv sakre ki rakonte istwa nasyon jwif yo e ki gen ladan l anpil mirak.
In Judaism, they pray three times a day. Morning prayer, afternoon prayer, and evening prayer.
Nan Jidayis, yo priye twa fwa pa jou. Lapriyè maten, lapriyè apremidi, ak lapriyè aswè.
The three forefathers are Abraham, Isaac, and Jacob.
Twa zansèt yo se Abraram, Izarak ak Jakòb.
To learn about the Holocaust and the concentration camps is very important.
Aprann sou Olokòs la ak kan konsantrasyon yo trè enpòtan.
Both the Hindu and Buddhist religion practice yoga, meditation and mantra.
Tou de relijyon Endou ak Boudis pratike yoga, meditasyon ak mantra.
Muslims worship at the mosque.
Mizilman yo adore nan moske a.
In Islam you must pray five times a day.
Nan Islam ou dwe priye senk fwa pa jou.
Many schools refuse to teach evolution.
Anpil lekòl refize anseye evolisyon.

WEDDING AND RELATIONSHIP - MARYAJ AK RELASYON

Wedding - Maryaj
Wedding hall - Sal maryaj
Married - Marye
Civil wedding - Maryaj sivil
Bride - Lamarye
Groom - Veterinè cheval
Ceremony - Seremoni
Reception hall - Sal resepsyon
Chapel - Chapèl
Engagement - Fiyansay
Engagement ring - Bag fiyansay
Wedding ring - Bag maryaj
Anniversary - Anivèsè
Honeymoon - Lin de myèl
Fiancé - Fiyanse
Husband - Mari
Wife - Madanm

When is the wedding?
Kilè maryaj la?
We are having the service in the chapel and the reception in the wedding hall.
N ap fè sèvis la nan chapèl la e n ap fè resepsyon an nan sal maryaj la.
Our anniversary is on Valentine's Day.
Anivèsè nou an se nan Jou Sen Valenten a.
This is my engagement ring and this is my wedding ring.
Sa a se bag fiyansay mwen e sa a se bag maryaj mwen an.
They are finally married so now it's time for the honeymoon.
Yo finalman marye kidonk kounye a li lè pou lin de myèl la.
He decided to propose to his girlfriend. She said "yes" and now they are engaged.
Li deside mande mennaj li maryaj. Li te di "wi" e kounye a, yo fiyanse.
He is my fiancé now. Next year he will be my husband.
Li se fiyanse mwen kounye a. Ane pwochèn li pral mari m.
Three civil weddings are taking place at the courthouse today.
Twa maryaj sivil ap fèt nan tribinal la jodi a.
The bride and groom received many presents.
Lamarye ak mesye marye a te resevwa anpil kado.

Valentine day - Jou Sen Valenten
Love - Lanmou
To love - Pou renmen
In love - Nan renmen
Romantic - Romantik
Darling - Cheri
A date - Yon randevou
A relationship - Yon relasyon
Boyfriend - Konpayon
Girlfriend - Mennaj
To hug - Anbrase
A hug - Yon akolad
To kiss - Pou bo
A kiss - Yon bo
Single - Selibatè
Divorced - Divòse
Widow - Vèf

I am in love with her.
Mwen renmen li.
I love her.
Mwen renmen li.
I love him.
Mwen renmen li.
I love you.
Mwen renmen ou.
You are very romantic.
Ou trè romantik.
They have a very good relationship.
Yo gen yon trè bon relasyon.
The husband and wife are happily married.
Mari ak madanm nan kontan nan maryaj yo.
I am single because I divorced my wife.
Mwen selibatè paske mwen divòse ak madanm mwen.
She is my darling and my love.
Li se cheri mwen ak lanmou mwen.
I want to kiss you and hug you in this picture.
Mwen vle bo ou ak anbrase ou nan foto sa a.

POLITICS - POLITIK

Flag - Drapo
National anthem - Im nasyonal
Nation - Nasyon
National - Nasyonal
International - Entènasyonal
Local - Lokal
Patriot - Patriyòt
Symbol - Senbòl
Peace - Lapè
Treaty - Trete
State - Eta
Country - Peyi
County - Depatman
Century - Syèk
Legal - Legal
Sanctions - Sanksyon

This is a political movement which is supported by the majority.
Sa a se yon mouvman politik ki sipòte pa majorite a.
This flag is the national symbol of the country.
Drapo sa a se senbòl nasyonal peyi a.
This is all politics.
Sa se politik.
There is a difference between state law and local law.
Gen yon diferans ant lwa leta ak lwa lokal.
He is a patriot of the nation.
Li se yon patriyòt nasyon an.
Most countries have a national anthem.
Pifò peyi gen yon im nasyonal.
This is a political campaign to demand independence.
Sa se yon kanpay politik pou mande endepandans.
In which county is this legal?
Nan ki depatman sa legal?
They must impose sanctions against that country.
Yo dwe enpoze sanksyon kont peyi sa a.

Law - Lwa
Illegal - Ilegal
International law - Dwa entènasyonal
Human rights - Dwa moun
Punishment - Pinisyon
Torture - Tòti
Execution (to kill) - Egzekisyon
Spy - Espyon
Amnesty - Amnisti
Political asylum - Azil politik
Republic - Repiblik
Dictator - Diktatè
Citizen - Sitwayen
Resident - Rezidan
Immigrant - Imigran
Public - Piblik/ **Private** - Prive
Racism - Rasis
Government - Gouvènman
Revolution - Revolisyon
Civilian - Sivil/ **A civilian** - Yon sivil
Population - Popilasyon
Socialism - Sosyalis
Communism - Kominis

There were many protests and riots today.
Te gen anpil manifestasyon ak revòlt jodi a.
The civilian population wanted a revolution.
Popilasyon sivil la te vle yon revolisyon.
The politicians want to ask the president to give the captured spy amnesty.
Politisyen yo vle mande prezidan an pou li bay espyon yo te kaptire a amisti.
Although he was the brutal dictator of the republic, in private he was a nice person.
Malgre se te yon diktatè repiblik la, an prive li se yon bon moun.
In some countries torture and execution is a common form of legitimate punishment.
Nan kèk peyi tòti ak ekzekisyon se yon fòm komen nan pinisyon lejitim.
This is a violation of human rights and international law.
Sa a se yon vyolasyon dwa moun ak lwa entènasyonal.
Communism and socialism were popular in the 19th century.
Kominis ak sosyalis te popilè nan 19yèm syèk la.

President - Prezidan
Statement - Deklarasyon
Presidential - Prezidansyèl
Vice president - Vis prezidan
Defense minister - Minis defans
Interior minister - Minis Enteryè
Exterior minister – Minis Eksteryè
Prime minister - Premye minis
Election - Eleksyon
Poll - Sondaj
Campaign - Kanpay
Candidate - Kandida
Democracy - Demokrasi
Movement - Mouvman
Politician - Politisyen
Politics - Politik
To vote - Pou vote
Majority - Majorite
Independence - Endepandans
Party - Pati
Veto - Veto
Impeachment - Akizasyon
Convoy - Konvwa

They want to appoint him as defense minister.
Yo vle nonmen li kòm minis defans.
Both parties want to veto the impeachment inquiry.
Tou de pati yo vle mete veto sou ankèt pou defitasyon an.
I want to see the presidential convoy.
Mwen vle wè konvwa prezidansyèl la.
In some countries other than the United States, they have a prime minister, interior minister, and exterior minister.
Nan kèk peyi ki pa Etazini, yo gen yon premye minis, minis enteryè, ak minis eksteryè.
I want to meet the president and the vice president.
Mwen vle rankontre prezidan an ak vis prezidan an.
I want to go to the election polls to vote for the new candidate.
Mwen vle ale nan biwo vòt yo pou vote nouvo kandida a.
We support democracy and are against fascism and racism.
Nou sipòte demokrasi e nou kont fachis ak rasis.

United Nations - Nasyonzini
Condemnation - Kondanasyon
United States - Etazini
European Union - Inyon Ewopeyen an
Military coup - Koudeta militè
Treason - Trayizon
Fascism - Fachis
Resistance - Rezistans
Members - Manm
Captured - Kaptire/ **To capture** - Pou kaptire
Ambassador - Anbasadè
Embassy - Anbasad
Consulate - Konsila
Biased - Pasyal
Unilateral - Inilateral / **Bilateral** - Bilateral
Resolution - Rezolisyon
Rebels - Rebèl
Sanctions - Sanksyon

All the members of the resistance were accused of treason and had to ask for political asylum.
Tout manm rezistans yo te akize de trayizon e yo te oblije mande azil politik.
The resolution is biased.
Rezolisyon an se pasyal.
This was an official condemnation.
Sa a se te yon kondanasyon ofisyèl.
The United Nations is located in New York.
Nasyonzini sitiye nan New York.
I am a United States citizen and a resident of the European Union.
Mwen se yon sitwayen ameriken ak yon rezidan nan Inyon Ewopeyen an.
The ambassador's residence is located near the embassy.
Rezidans anbasadè a sitiye tou pre anbasad la.
I need the phone number and address of the consulate.
Mwen bezwen nimewo telefòn ak adrès konsila a.
Are consular services available today?
Èske sèvis konsila yo disponib jodi a?
The international peace treaty needs to include both sides.
Trete lapè entènasyonal la bezwen enkli tou de bò yo.
According to the government, the rebels carried out an illegal military coup.
Dapre gouvènman an, rebèl yo te fè yon koudeta militè ilegal.

MILITARY - MILITÈ

Army - Lame
Armed forces - Fòs lame
Navy - Marin
Soldier - Sòlda
A force - Yon fòs
Ground forces - Fòs tèren yo
War - Lagè
Base - Baz/ **Headquarter** - Katye jeneral/ **Intelligence** - Entèlijans
Ranks - Ranje/ **Sergeant** - Sèjan/ **Lieutenant** - Lyetnan
The general - Jeneral la / **Commander** - Kòmandan/ **Colonel** - Kolonèl
Chief of Staff - Chèf estaf
Enlistment - Enskripsyon / **Reserves** - Rezèv
Terrorism - Teworis/ **Terrorist** - Teworis/ **Insurgency** - Ensireksyon
Border crossing - Travèse fwontyè
Refugee - Refijye
Camp - Kan

I want to enlist in the military.
Mwen vle enskri nan lame.
This base is designated for military aircraft only.
Baz sa a fèt pou avyon militè sèlman.
That is the headquarters of the enemy.
Sa se katye jeneral lènmi an.
This country has a powerful airforce.
Peyi sa a gen yon fòs avyon pwisan.
They need to enlist reserve forces for the war.
Yo bezwen moun pou lame a pou lagè a.
Welcome to the border crossing.
Byenveni nan travèse fwontyè a.
Military intelligence relies on important sources of information.
Entèlijans militè depann de sous enfòmasyon enpòtan.
The chief of staff was the target of a failed assassination attempt.
Chèf estaf la te sib yon tantativ asasina ki echwe.
The sniper killed the highest-ranking lieutenant.
Tirè pwofesyonèl la touye lyetnan ki pi wo a.
The terrorist group claimed responsibility for the car-bomb attack at the refugee camp.
Gwoup teworis la reklame responsablite pou atak machin bonm nan kan refijye a.
It is impossible to defeat terrorism because it's an ideology.
Li enposib pou defèt teworis paske se yon ideoloji.

Air strike - Atak lè
Air force - Fòs lè/ **Fighter jet** - Avyon de gè
Military aircraft - Avyon militè
Drone - Drone/ **Stealth technology** - Teknoloji enfiltrasyon
Weapon - Zam / **Tank** - Tank/ **Submarine** - Soumaren
Grenade - Grenad/ **Mine** - Min/ **Bomb** - Bonm/ **Explosion** - Eksplozyon
Sniper - Tirè pwofesyonèl / **Gun** - Zam/ **Rifle** - Fizi/ **Bullet** - Bal
Missile - Misil/ **Mortar** - Mòtye
Anti tank missile - Misil anti tank
Anti aircraft missile - Misil anti avyon
Shoulder fire missile - Misil dife
Ammunition - Minisyon/ **Artillery** - Atiri/ **Artillery shell** - Kal atiri
Precision missile - Misil presizyon / **Ballistic missile** - Misil balistik
Atomic bomb - Bonm atomik/ **Nuclear weapon** - Zam nikleyè
Weapon of mass destruction - Zam destriksyon mas
Chemical weapon - Zam chimik
Flare system - Sistèm fize
Supply - Pwovizyon / **Storage** - Depo
Armor – Cha de gè

The M-16 is a US-made rifle.
M-16 a se yon fizi ki fèt Ozetazini.
The tank fired artillery shells.
Tank la te tire kal atiri.
Shoulder-fired missiles are extremely dangerous and are hard to defend against.
Gwo zam yo danjere anpil e se difisil pou defann ou.
The flare system is meant as a defense against anti-aircraft missiles.
Sistèm fize a se yon defans kont misil anti-avyon.
The navy was able to intercept a missile.
Marin te kapab entèsepte yon misil.
At the terrorist safe-house, guns, bullets, and grenades were found.
Nan sekirize teworis la, yo te jwenn zam, bal, ak grenad.
The coalition forces struck an enemy arms depot.
Fòs kowalisyon yo te frape yon depo zam lènmi.
An intense missile attack was carried out against the supply forces that resulted in many casualties.
Yo te fè yon atak misil entans kont fòs ekipman yo ki te lakòz anpil viktim.
The terrorist cell fired ballistic missiles at the nuclear facility site.
Selil teworis la te tire misil balistik sou sit enstalasyon nikleyè a.
Atomic bombs and chemical weapons are weapons of mass destruction.
Bonm atomik ak zam chimik yo se zam destriksyon mas.

A target - Yon sib/ **To target -** Pou sib
An attack - Yon atak / **To attack -** Pou atake/ **Intense -** Entans
To shoot - Tire/ **Open fire -** Louvri dife/ **Fired -** Tire
Assassination - Asasina/ **Assassin -** Asasen **/ Enemy -** Lènmi
Reconnaissance - Rekonesans/
To infiltrate - Pou enfiltre/ **Invasion -** Envazyon
Exchange of fire - Echanj tire
A cease fire - Yon sispann dife/ **Withdrawal -** Retrè
To win - Pou genyen
To surrender - Pou rann tèt
Victim - Viktim/ **Injured -** Blese/ **Wounded -** Blese
Deaths - Lanmò/ **Killed -** Touye/ **To kill -** Pou touye
Prisoner of war - Prizonye de lagè **/Missing in action -** Manke nan aksyon
Act of war - Zak lagè / **War crimes -** Krim lagè
Defense - Defans **/ Attempt -** Eseye

There is an invasion of ground forces.
Gen yon envazyon nan fòs tè yo.
The soldier wanted to open fire and shoot at the invading forces.
Sòlda a te vle louvri dife epi tire sou fòs ki te anvayi li yo.
The bomb attack was considered an act of aggression and an act of war.
Atak bonm lan te konsidere kòm yon zak agresyon ak yon zak lagè.
The reconnaissance drone managed to infiltrate deep within enemy territory.
Kamera rekonesans yo rive enfiltre byen fon nan teritwa lènmi an.
The airstrike targeted an ammunition storage site.
Atak aeryen an te vize yon sit depo minisyon.
The mortar attack and exchange of fire caused injuries and deaths on both sides.
Atak mòtye ak echanj dife te lakòz blesi ak lanmò sou tou de bò yo.
First, we need to clear the mines.
Premyèman, nou bezwen netwaye min yo.
The ceasefire agreement included the release of prisoners of war.
Pou sispann tire yo, yo te fè yon akò pou lage prizonyè gè yo.
The army made a public statement to announce the withdrawal.
Lame a te fè yon deklarasyon piblik pou anonse retrè a.
There was a huge explosion as a result of the terrorist attack.
Te gen yon gwo eksplozyon kòm rezilta atak teworis la.
The commander of the insurgency was accused of serious war crimes.
Yo te akize kòmandan ensije a de krim lagè serye.
Several of the submarine sailors were missing in action.
Plizyè nan maren soumaren yo pat aji.

Conclusion

Hopefully, you have enjoyed this book and will use the knowledge you have learned in various situations in your everyday life. In contrast to other methods of learning foreign languages, the theory in this current usage is that ever-greater topics can be broached so that one's vocabulary can expand. This method relies on the discovery I made of the list of core words from each language. Once these are learned, your conversational learning skills will progress very quickly.

You are now ready to discuss sport and school and office-related topics and this will open up your world to a more satisfying extent. Humans are social creatures and language helps us interact. Indeed, at times, it can keep us alive, such as in war situations. You might find yourself in dangerous situations perhaps as a journalist, military personnel or civilian and you need to be armed with the appropriate vocabulary.

"This is a base for military aircraft only," you may have to tell some people who try to enter a field you are protecting, or know what you are being told when someone says to you, "Welcome to the border crossing." As a journalist on a foreign assignment, you may need to quickly understand what you are being told, such as "The sniper killed the highest-ranking lieutenant." If you are someone negotiating on behalf of the army, you may need to find another lieutenant very quickly. Lives, at times, literally depend on your level of understanding and comprehension.

This unique approach that I first discovered when using this method to learn on my own, will have helped you speak the Haitian Creole language much quicker than any other way.

Congratulations! Now You Are on Your Own!

If you merely absorb the required words in this book, you will then have acquired the basis to become conversational in Haitian Creole! After memorizing these words, this conversational foundational basis that you have just gained will trigger your ability to make improvements in conversational fluency at an amazing speed! However, in order to engage in quick and easy conversational communication, you need a special type of basics, and this book will provide you with just that.

Unlike the foreign language learning systems presently used in schools and universities, along with books and programs that are available on the market today, that focus on *everything* but being conversational, *this* method's sole focus is on becoming conversational in Creole as well as any other language. Once you have successfully mastered the required words in this book, there are two techniques that if combined with these essential words, can further enhance your skills and will result in you improving your proficiency tenfold. *However*, these two techniques will only succeed *if* you have completely and successfully absorbed these required words. *After* you establish the basis for fluent communications by memorizing these words, you can enhance your conversational abilities even more if you use the following two techniques.

The first step is to attend a Creole language class that will enable you to sharpen your grammar. You will gain additional vocabulary and learn past and present tenses, and if you apply these skills that you learn in the class, together with these words that you have previously memorized, you will be improving your conversational skills tenfold. You will notice that, conversationally, you will succeed at a much higher rate than any of your classmates. A simple second technique is to choose Creole subtitles while watching a movie. If you have successfully mastered and grasped these words, then the combination of the two—those words along with the subtitles—will aid you considerably in putting all the grammar into perspective, and again, conversationally, you will improve tenfold.

Once you have established a basis of quick and easy conversation in Creole with those words that you just attained, every additional word or grammar rule you pick up from there on will be gravy. And these additional words or grammar rules can be combined with the these words, enriching your conversational abilities even more. Basically, after the research and studies I've conducted with my method over the years, I came to the conclusion that in order to become conversational, you first must learn the words and *then* learn the grammar.

The Creole language is compatible with the mirror translation technique. Likewise, with *this* language, you can use this mirror translation technique in order to become conversational, enabling you to communicate even more effortlessly. Mirror translation is the method of translating a phrase or sentence, word for word from English to Creole, by using these imperative words that you have acquired through this program (such as the sentences I used in this book). Latin languages, Middle Eastern languages, and Slavic languages, along with a few others, are also compatible with the mirror translation technique. Though you won't be speaking perfectly proper and precise Creole, you will still be fully understood and, conversation-wise, be able to get by just fine.

NOTE FROM THE AUTHOR

Thank you for your interest in my work. I encourage you to share your overall experience of this book by posting a review. Your review can make a difference! Please feel free to describe how you benefited from my method or provide creative feedback on how I can improve this program. I am constantly seeking ways to enhance the quality of this product, based on personal testimonials and suggestions from individuals like you. In order to post a review, please check with the retailer of this book.

Thanks and best of luck,
Yatir Nitzany

Also by Yatir Nitzany

Conversational Spanish Quick and Easy

Conversational French Quick and Easy

Conversational Italian Quick and Easy

Conversational Portuguese Quick and Easy

Conversational Romanian Quick and Easy

Conversational German Quick and Easy

Conversational Dutch Quick and Easy

Conversational Norwegian Quick and Easy

Conversational Danish Quick and Easy

Conversational Swedish Quick and Easy

Conversational Finnish Quick and Easy

Conversational Russian Quick and Easy

Conversational Ukrainian Quick and Easy

Conversational Bulgarian Quick and Easy

Conversational Polish Quick and Easy

Conversational Hebrew Quick and Easy

Conversational Yiddish Quick and Easy

Conversational Armenian Quick and Easy

Conversational Arabic Quick and Easy

www.ingramcontent.com/pod-product-compliance
Lightning Source LLC
Chambersburg PA
CBHW052100110526
44591CB00013B/2287